全国高校标准化工程系列教材

U0647788

标准化原理

刘　欣　张朋越　主　编

颜　鹰　胡玉华　施　进　副主编

ZHEJIANG UNIVERSITY PRESS

浙江大学出版社

编　委　会

联 盟 简 介

    全国标准化专业教材建设联盟于2019年11月11日在杭州成立，是由我国开设标准化相关专业的高校和致力于标准化事业的社会组织等自愿结成的非法人、非营利性的组织，组建时有7家成员单位，现已扩展至13家。联盟的宗旨是发挥各高校标准化教育工作的优势，加强标准化教育的交流合作，联合开展标准化课程体系建设、教材开发、网络学习平台开发等工作，实现教学和实践资源的共享共建，推进我国标准化专业教材的建设，促进标准化学科建设，提升标准化工程专业在全国高等教育中的影响力。

参 编 院 校

中国计量大学 广东开放大学 济南大学
中北大学 大理大学 聊城大学

前　言

标准是科学、技术和实践经验的总结。早在20世纪70年代，钱学森就站在应对现代化、国际化的发展环境的战略高度，提出要大力加强标准、标准化工作及其科学研究。通过标准及标准化工作，以及相关技术政策的实施，加速技术积累、科技进步、成果推广、创新扩散和产业升级。

本教材是编者在综合参考国内外文献资料和相关资源的基础上，结合了国内外标准化专家对标准化理论的重要论述，提炼了中国计量大学标准化工程专业教学实际，以系统理论为指导，按照理论性、知识性、实用性的原则编写而成的。

本教材共分为6章，全面系统地介绍了标准化相关基础知识及原理。第一章绪论，从标准化的认识及影响、标准化发展历史阶段及其特征和标准化学科的建立等3个方面，以体验感知到多维认识引导读者感悟标准化的内涵；从历史阶段及特点角度进行梳理，由远及近地和读者一起了解标准化的发展；以辩证、开放的态度与读者一起探讨标准化学科的存建问题。第二章介绍了标准化与标准。标准化的基本概念及标准化原理是开展标准化活动的基础和支撑，本教材全面介绍了《标准化工作指南　第1部分：标准化和相关活动的通用术语》（GB/T 20000.1—2014）中界定的标准化活动概念体系中的相关术语和定义，探讨了标准化与标准的关系，以及标准化的作用和意义。第三章系统梳理了国内外标准化原理，让读者了解国内外标准化原理研究概况，带领读者领略和感悟标准化原理的价值。第四章系统介绍了标准化基本原理，详细阐述了标准化的简化、统一、协调、最优原理，并说明了四大基本原理之间的关系。第五章在读者理解标准系统的概念的基础上，详细介绍了标准化的系统效应原理、结构优化原理、有序发展原理及反馈控制原理，并介绍了运用4个原理管理标准系统的实践意义。第六章介绍了标准化产生经济效果的机理及其基本概念、评价标准化经济效果的原则与程序，让读者全面理解标准化产生经济效果的机理，熟悉评价标准化经济效果的原则和程序。

在编写的过程中，编者力求严谨、新颖，以突出本教材的特色；同时，参阅引用了大量国内外有关标准化管理方面的文献资料及业界标准化专家的研究成果，得到了多位老师的大力支持，在此一并致谢。由于编者水平有限，书中难免存在疏漏与不足之处，恳请各位专家和读者给予批评指正。

刘　欣

2021年5月于中国计量大学

目　　录

第一章　绪论···1

    第一节　标准化的认识及影响··3

    第二节　标准化发展历史阶段及其特征··6

    第三节　标准化学科的建立···13

第二章　标准化与标准···17

    第一节　标准化的概念··19

    第二节　标准的概念···22

    第三节　标准化与标准的关系···24

    第四节　标准化的作用及其意义··26

第三章　国内外标准化原理···31

    第一节　国外标准化原理···34

    第二节　国内标准化原理···41

第四章　标准化的基本原理···63

    第一节　标准化基本原理的研究基础···65

    第二节　统一原理···66

    第三节　简化原理···70

    第四节　协调原理···73

    第五节　最优化原理··74

　　第六节　四大基本原理之间的关系 ························· 76

第五章　标准系统的管理原理 ································· 79

　　第一节　系统效应原理 ····································· 82

　　第二节　结构优化原理 ····································· 86

　　第三节　有序发展原理 ····································· 89

　　第四节　反馈控制原理 ····································· 92

第六章　标准化的经济效果 ································· 99

　　第一节　标准化产生经济效果的机理 ················· 102

　　第二节　标准化经济效果的基本概念 ················· 104

　　第三节　评价标准化经济效果的原则与程序 ·········· 106

　　第四节　ISO标准化收益原理的扩展与应用 ·········· 108

附　录 ··· 111

　　附录1　中华人民共和国标准化法 ················· 113

　　附录2　标准化效益评价　第1部分：经济效益评价通则

　　（GB/T 3533.1—2017） ························· 120

　　附录3　标准化效益评价　第2部分：社会效益评价通则

　　（GB/T 3533.2—2017） ························· 145

第一章　绪　论

标准化以其久远的存在历史和短暂的科学化发展历史呈现于人们面前，并且在科学技术特别是信息技术日新月异和全球化快速发展的时代得到越来越多的重视。标准化在破除贸易壁垒、提升国家竞争力方面起着重要作用。本章将以体验感知多维认识引导读者体悟标准化内涵；从历史阶段及特点出发进行梳理，由远及近，与读者一起认识标准化发展；以辩证、开放的态度同读者一起探讨标准化学科的建设问题。

1. 能够从感性和理性两个维度理解标准化内涵。

2. 能够掌握并简单描述标准化的历史发展阶段及其特点。

3. 能够以辩证和开放的态度理解标准化学科目前的发展现状，并形成为建设更完善的标准化学科而努力的决心和积极态度。

第一节　标准化的认识及影响

一、标准化的存在与感觉

在日常生活中提及标准化，似乎会让人觉得陌生玄妙，甚至许多从事着标准化工作的劳动者也没有意识到自己的劳动过程与标准化存在着千丝万缕的联系。但其实，生活离不开标准化，标准化引导生活，正如法国标准化专家库蒂埃说："实质上，标准化在一切有人类智慧和活动的地方都存在……"

标准化具有无形性，是一种意识形态和思考方式。我们平时常说的"道德底线""行为约束""生长规律""交流方式"等都是在人类漫长演变中逐渐达成的一种默契，以及形成的一种标准。这种标准化过程是一种由发散到收敛并实现统一的过程，只要事物的发展规律决定了其必然要发展到一种确定的稳定状态，那么一旦外界条件成熟，它就必然会朝着这个确定的稳定状态趋于统一。[①] 倘若失去这类无形的标准化，最直接的后果就是失去了人与人相互交流的能力。

标准化具有有形性。以随处可见的矿泉水为例进行简单说明：瓶身上的各项标签内容是标准化的一种体现，因为它必须严格遵循《食品安全国家标准　预包装食品标签通则》（GB 7718—2011）。同时，作为标签内容之一的"产品标准代号"所标示的产品执行标准与上述《食品安全国家标准　预包装食品标签通则》具有相同性质，它们都属于标准文本范畴；同一品牌同一批次的矿泉水，通常其各项理化指标相同，这也是标准化的一种体现，它们都属于按照同一技术标准生产得到的标准产物。设想一下缺少了标准约束的生活：当我们给手机、电脑充电时，却发现插头与插座的插孔形状不一样；当消费者按照某一码数购买衣服时，却发现完全不合身；当销售商以相同的价格出售同一产品时，却发现分量相差甚远……

如果没有意识的标准化，我们的生活就会混沌无序；如果没有物质的标准化，我们的生活就会举步维艰。有标准化的社会和无标准化的社会是两个世界，一个是思想、物质丰富的现代社会，一个是愚昧无知、衣食不保的原始社会。选择标准就是选择了人类进化，选择标准化就是选择了社会进步。[②]

二、标准化的哲学认识

先对以下概念进行认识："哲学"是关于事物之间普遍联系的科学；"标准化"是人类认识世界、改造世界的实践活动；"标准"则是事物（包括人的行为）之间的具体联系的反映。从实践论角度来看，标准的研发过程就是一个实践、认识、再实践的过程。首先，标准的制订需求源于实践；其次，标准的编制过程是对标准化对象的深入认识；最后完成的标准又是一个指导实践的载体。[③] 同时，标准从研发阶段到实施阶段再到修订阶段的全周期也是一个实践、认识、再实践的过程，与之不同的一点在于，全周期的认识过程是对标准效用的认识。从辩证角度来看，标准化工作在诸多方面都体现着对立统一的规律。

---

① 梁丽涛. 发展中的标准化 [M]. 北京：中国标准出版社，2013：7.

② 麦绿波. 标准化的存在感觉与影响 [J]. 标准生活，2012（2）：54－56.

③ 王宝友. 标准化工作的哲学认识 [J]. 标准智库，2014（4）：54－57.

标准化与多样化存在对立统一关系。李瑞环在《规划和设计的辩证关系》中谈到建筑的"标准化与多样化的关系"时说："规划设计既要讲标准化、规范化，又要讲特殊性、多样性。"就个人理解而言，标准化是对于建造参数指标而言，而多样化追求的是对建设的外观设计。标准化虽然在一定程度上减少事物的多样化，但通过标准化中的模块化、组合化，又可以丰富事物的多样性。

三、标准化的多维度认识

标准化向来不是一项单独的工作，也不是一次性的过程，它针对特定的对象而产生、结合专业的知识而进行、随着社会的发展而演变、迎合人们的需求而提升。从而，对标准化的认识要从多个维度进行，包括主体认识维度、学科认识维度、作用认识维度、地位认识维度等。

首先，从标准化主体维度认识标准化。针对目前我国的标准分类，有国家标准、地方标准、行业标准、团体标准、企业标准五类标准，标准化制修订主体包括行政主管部门、企业、社会团体、消费者和教育、科研机构等。在标准化过程中，上述各个主体基于各自职责或需求的差异，关注的角度也不尽相同，为标准化结果的多样性、有效性、科学性、先进性提供保障。比如说，国务院有关行政主管部门和国务院标准化行政主管部门负责进行国家标准制修订的根本目的，是出于对各行各业运作底线的约束以及为公民提供潜移默化的社会福利；企业家参与标准化过程主要是创造力、决断力和控制力的权力意志的物化形式。同时，这也表明标准化过程是多个主体相互协调的过程。

其次，从标准化学科维度认识标准化。标准化作为一门学科，目前仍属于一门应然学科。具体理解为：一是从时间上讲，它是指向未来的，即在将来一定能够成为成熟学科；二是从人类自觉的学科意识上讲，应该发挥主观能动性努力促使这个领域加速向学科发展。标准化作为一门学科的发展起源于 1952 年国际标准化组织（ISO）成立标准化科学原理研究常设委员会（STACO），开始标准化概念、标准化基本原理和标准化方法的研究。[①] 但是目前，对于标准化学科的所属类别仍然存在着各种观点，因为它是一门综合性的新兴学科。

再次，从标准化作用维度认识标准化。库蒂埃对标准化的作用有过一段经典的认识文作，"标准化在无秩序的社会里是建立秩序的因素，在一个浪费的世界里是一个节约的因素，在一个分裂的世界里是一个统一的因素，如果没有法律、语言、计算方法，一个国家就无法存在。如果没有标准化，一个企业也就无法存在。"标准化最现实的作用体现在生活中的各个方面，这些方面或大或小。例如：交通标准的统一化，使人们共同遵守着

---

① 麦绿波 . 标准化的多维度认识 [J]. 标准科学，2012（3）：6 - 11.

"红灯停,绿灯行"的规则;产品标准的组合化,使人们可以多用途、多次数使用同一单元。另外,标准是标准化的果,标准化是标准的因,标准化最直观的作用体现于标准在社会经济发展中带来的影响。标准能够促进经济社会全面、协调、可持续发展;标准能够提高经济效益和社会总福利水平;标准有助于建立贸易优势地位;标准能够推动科技成果产业化;标准能够加快产业结构调整和产业升级;标准能够提升企业竞争力,具体内容在第七章ISO标准化收益分析原理中进行解释分析。另外,标准化根植于文化环境,而随着标准化活动的不断进行,其对自然和社会的塑造效果,以及对人们观念影响也日益明显,这又反过来推动了文化的改革和变迁,包括文化物质层面、文化制度层面、文化精神层面。

最后,从标准化地位维度认识标准化。从上述各个方面看出,标准化的内涵范围广阔,产生的影响与人类发展密切相关,标准化的作用在实践中不断证实,具有深远意义与发展前景。1998年12月29日第七届全国人民代表大会常务委员会第五次会议通过《中华人民共和国标准化法》,2017年11月4日第十二届全国人民代表大会常务委员会第三十次会议进行修订,标准化的法律地位表明标准化是国家行为,是国家意志,是关系各方利益的事。对个类标准进行划分,它们同时又具有自己的特殊地位——强制性标准守底线,推荐性标准保基本,行业标准补遗漏,企业标准强质量,团体标准搞创新,国际标准强占位。

第二节　标准化发展历史阶段及其特征

自古就有"没有规矩不成方圆"之说,这里的"规矩"就是指今天的标准。人类的进化和文明无不伴随着标准化的渗透和作用。标准化学科和研究虽然历史短暂,但标准化却有悠远的历史。作为统一化的代名词,哪里有差异,哪里需要沟通,哪里就需要标准化。人类文明的发展伴随着语言、工具制造、文字、符号、度量衡、交换媒介、产品配合关系、生产模式等方面的标准化的应用。

按照历史的维度,人们普遍将标准化发展史划分为3个阶段:古代标准化、近代标准化和现代标准化。

一、古代标准化发展及其特征

按照类型分,古代标准化主要涵盖语言文字的标准化和工具的标准化。

人类从原始的自然人开始,在与自然搏斗的过程中产生了交流情感和传递信息的需要,逐步出现了原始的语言、符号、记号、象形文字和数字。如旧石器时代的人类以采集、狩猎、渔捞为生，当时的人们群居于山洞或树上，以植物的果实、根茎或坚果为生，同时集体捕猎野兽、鱼蚌来维持生活，群居生活使得信息沟通成为必不可少的交流工具，由此产生了部落语言，而这种部落语言可以看作是语言标准化的一种特定方式。

人们发现，在不同的石器时代发现的工具形状存在着惊人的相似性，人类追求较高劳动效率的欲望使得工具优势趋于统一，工具的标准化意识在无意识中开始形成。如元谋、蓝田、北京出土的石制工具说明原始人类开始制造工具，样式和形状从多样走向统一；再如约150万年前出现的阿舍利文化中的两大工具，手斧和薄刃斧是一组比较简单的石核制品及经修整的石片，使用硬锤打击或碰砧技术制造，稍后发展为软锤打击，其器身较薄、疤痕较浅、刃缘规整、左右对称。公元前12000年左右，人类社会迈入新石器早期，磨制工具逐渐出现，出现了有石斧、石锛、石镰、石锄、石碾、石磨等，器形薄而窄，制作精细；同期的陶器形制规则、器形优美，丰富多彩。[①]从中我们可以看出工具标准化的思想在不断形成。

随着人类社会的第二次大分工的出现，手工业从农业中划分出去成为独立的领域，为了提高生产率，工具和技术标准的标准化开始悄然出现。如春秋战国时代的《考工记》记录了官营手工业的各种规范和制造工艺，记载了一系列的生产管理和营建制度。全书共7100余字，记述了木工、金工、皮革、染色、刮磨、陶瓷等六大类30个工种的生产设计规范和制造工艺要求，如用平整的圆盘基面检验轮子的平直性；用规校准轮子圆周；用垂线校验辐条的直线性；用水的浮力观察轮子的平衡，同时对用材、轴的坚固灵活，结构的坚固和适用等都做出了规定，不失为严密而科学的车辆质量标准。

秦统一中国之后，用政令对量衡、文字、货币、道路、兵器进行大规模的标准化，用律令如《工律》《金布律》《田律》规定"与器同物者，其大小长短必等"是集古代工业标准化之大成。

北宋后期的百余年间，由于建筑混乱，国库告急，由李诫编写《营造法式》，对房屋建筑的等级制度、建筑的艺术形式及严格的料例功限等给予规定，该书是一部建筑设计、施工的规范书，也是我国建筑史上的标准化巨作。宋代毕昇发明的活字印刷术，运用了标准件、互换性、分解组合、重复利用等标准化原则，更是古代标准化里程碑。此外，李时珍的《本草纲目》对药物、特性、制备工艺进行记录，可视为标准化"药典"。明代《天工开物》是我国古代生产技术的汇编，全面系统记录了我国古代农业、手工业的生产技术和经验，该书中的很多做法起到类似标准化的作用，蕴含着标准化的理念。

---

① 张之恒.试论前陶新石器文化［J］.东南文化，1985（0）：42-48.

二、近代标准化发展及其特征

以蒸汽机的使用为代表的第一次工业革命开启了工业的标准化时代。科学技术适应工业的发展，为标准化提供了大量生产实践经验，也为之提供了系统实验手段，摆脱了凭直观和零散的形式对现象的表述和总结经验的阶段，从而使标准化活动进入了定量地适用实验数据科学阶段，并开始通过民主协商的方式在广阔的领域推行工业标准化体系，作为提高生产率的主要途径。

近代标准化发展的特征可以概括如下：

（一）近代标准化蓬勃发展源于工业革命需要

工业革命的发展使得制造业中统一配件的需求空前发展，企业间的竞争日益剧烈，增加劳动时间和劳动强度对于企业竞争力提升的边际效用越来越不明显，提高效率、降低成本成为企业获利的优先选择。不约而同地，企业将目标指向了标准化战略，认识到标准化对于提高效率和降低成本的巨大功效，标准化开始成为时代的宠儿，不同类型的标准开始出现，如 1834 年出现的螺纹牙型标准、1897 年出现的钢梁标准、1902 年出现的"极限表"、1914 年美国福特公司的标准化连续生产流水线等。

（二）标准化逐渐成为国家战略

近代后期，随着零星标准化活动在企业、行业竞争中的效用不断显现，标准化战略开始提升到了国家竞争的地位。1927 年，美国总统提出"标准化对工业化极端重要"的论断之后，标准化活动开始在全世界扩展，并上升为国家行动，各国相继成立国家级标准化组织，到 1932 年，已经有 25 个国家成立了标准化组织，至今已经有 100 多个国家成立标准化组织。

（三）国际标准化组织开始出现并发挥作用

在标准化国家战略的浪潮下，国际标准化组织顺势而立。代表性的事件是 1906 年国际电工委员会（International Electrotechnical Commission，简称 IEC）成立；1926 年国家标准化协会国际联合会（International Federation of the National Standardizing，简称 ISA）成立，标准化活动开始成为全球视野，活动范围从机电行业扩展到各行各业；1947 年 2 月，国际标准化组织 (International Organization for Standardization，简称 ISO) 成立，标准化的制度化开始形成，并深入全球各行各业。

近代标准化标志性事件

1789 年美国人艾利·惠特尼应用互换性原理制造了来复枪的零部件从而使得大量组长来福步枪成为可能，且在技术上制定了相应的公差与配合标准。

1834 年英国著名机械师约瑟夫·惠特沃思建议颧骨机床生产者采用同一尺寸的标准螺纹，后来英国制定工业标准协会采纳了该意见，1904 年以英国标准 BS84 颁布，成了国际上第一个螺纹牙型标准。

1901 年英国标准化学会正式成立。

1902 年英国纽瓦尔公司制定了公差和配合方面的公司标准——"极限表"，这是最早出现的公差制。

1897 年英国斯开尔顿建议在钢梁生产中实现生产规格和图纸统一，并促成建立了工程标准委员会；正式成为英国标准 BS27。

1906 年国际电工委员会（IEC）成立。

1911 美国泰勒发表了《科学管理原理》，应用标准化方法制定"标准时间"和"作业规范"，在生产过程中实现标准化管理，提高了生产率，创立了科学管理理论。

1914 年美国福特汽车公司运用标准化原理把生产过程的时空统一起来创造了连续生产流水线。

1927 年美国总统胡佛得出"标准化对工业化极端重要"的论断。

国家标准化组织相继成立：荷兰（1916 年）、菲律宾（1916 年）、德国（1917 年）、美国（1981 年）、瑞士（1918 年）、法国（1918 年）、瑞典（1919 年）、比利时（1919 年）、奥地利（1920 年）、日本（1921 年）等。

1926 年在国际上成立了国家标准化协会国际联合会（ISA），标准化活动由企业行为步入国家管理，进而成为全球的事业，活动范围从机电行业扩展到各行各业，标准化使生产的各个环节，各个分散的组织到各个工业部门，扩散到全球经济的各个领域，由保障互换性的手段，发展成为保障合理配置资源、降低贸易壁垒和提高生产力的重要手段。

1946 年国际标准化组织正式成立。

三、现代标准化发展及其特征

随着历史的车轮滚滚迈入现代，科学技术特别是信息技术的日新月异，全球化竞争格局形成并不断演化，在世界范围内的互联互通被提到了前所未有的高度。标准化的需求和要求不断提升，社会的健康有序发展迫切需要与新技术、新要求及全球化相适应的标准化理念、体系和手段。总体而言，现代标准化体现出以下几个方面的主要特点。

（一）与全球化相适应的标准化

1. 全球标准化战略的提出与实施

随着全球化的到来，世界各国日益认识到标准化在全球经济贸易中的重要作用，纷纷立足全球视野制定国家标准化战略。如 2015 年，为应对进入 21 世纪以来，欧洲、日本等国家和地区的竞争力威胁及美国本土标准化不足，美国重新修订了美国国家标准化战略。该战略的修订者威廉·梅提出"标准支撑全球经济，并提高生活质量"。美国为最大限度实现国家利益，以价值理念的统一和技术标准的同一为根基，制定国家标准化战略有效保护国内市场，最大限度地占有他国市场，最终实现本国标准全球化的整体规划及其活动。在这一战略中，标准不仅是有助于占据国内市场，而且是抢占国外市场的最强有力的手段，是国家利益与价值观载体。

为贯彻落实《中共中央关于制定国民经济和社会发展第十三个五年规划的建议》和《国务院关于印发深化标准化工作改革方案的通知》（国发〔2015〕13 号）精神，推动实施标准化战略，加快完善标准化体系，我国于 2015 年发布了《国家标准化体系建设发展规划》（2016—2020）（国办发〔2015〕89 号），要求"到 2020 年，基本建成支撑国家治理体系和治理能力现代化的具有中国特色的标准化体系。标准化战略全面实施，标准有效性、先进性和适用性显著增强。标准化体制机制更加健全，标准服务发展更加高效，基本形成市场规范有标可循、公共利益有标可保、创新驱动有标引领、转型升级有标支撑的新局面。'中国标准'国际影响力和贡献力大幅提升，我国迈入世界标准强国行列。"特别是在"一带一路"倡议下，标准化增强国家影响力的工具性功能日益彰显。

2. 标准正在为全世界提供通用语言

标准为全世界提供了通用语言，从而给人们通过新方法探索新思路以及在世界各地实验室充分利用创新成果给予了力量。国际电工委员会（IEC）、国际标准化组织（ISO）和国际电信联盟（ITU）三大国际标准化组织将 2015 年的世界标准日主题确定为"标准是世界的通用语言"，意在凸显标准的互联互通作用。世界需要标准协同发展，标准促进世界互联互通。

3. 标准已融入日常生活

标准的最初使命是解决简化、统一化的技术问题，但今天，标准不仅仅是解决技术问题，还起到了支撑全球经济发展的基础设施的作用。现代社会是标准化程度越来越高的社会，无论你是否已经意识到，标准不仅早已走进你的生活，而且还在规范着你的工作与生活。

各个经济领域都离不开标准化的支撑。技术标准支撑传统制造业的优化升级，信息标准支撑信息通信产业发展，工业标准支撑农业现代化建设，服务标准引领现代服务业发展等。

不仅仅在经济领域，标准更是嵌入到社会的方方面面，起到有效保障人们生活质量水平的作用，这些标准包括耳熟能详的食品安全标准、环境保护标准、社会管理与公共服务标准等等。

（二）与科学技术发展相适应的现代化标准体系

产业现代化进程中，由于生产和管理高度现代化、专业化、综合化，这就使现代产品或工程、服务具有明确的系统性和社会化。一个产品、一项工程或一项服务往往涉及几十个行业和几万个组织及许多门的科学技术，如美国的"阿波罗计划""曼哈顿计划"，从而使标准化活动更具有现代化特征。现代标准体系体现出前所未有的包容性、协同性和方法的综合性。

1. 包容性

统一规则、广泛使用和重复使用，并获得最佳秩序是标准化活动的基本旨意。2015年修订的美国国家标准战略提出，将构建强有力且具有包容性的标准化体系作为其战略愿景，以更好地服务于全球范围内不同国家的贸易、市场准入和国家竞争力等全球化需要。必须认识到标准是经济社会治理现代化的基础设施和重要支撑，构建强有力且具有包容性的标准化体系应摒弃部门化和地方化，防止割裂标准体系，防止标准之间不协调甚至矛盾和冲突的问题，否则会阻碍全国乃至全球统一市场的建立。

2. 协同性

"私人部门与公共部门协同制定标准"是美国标准化体系最典型的特征，这种多边合作机制能够使政府、行业和消费者等不同利益相关者聚集在一起，表达他们在标准化活动中的利益诉求，进而增进了标准最终被采纳和使用的可能性。现代标准体系在制定之初就体现出其协同性的一面。

标准是群体活动的基本规范，不同群体、不同组织和不同国家之间的任何事情的协同都离不开标准。假如没有标准，就无法制定大家都认可或明白的具体要求和规范，协同做事就没有可能。世界范围内的社会化大生产是现代社会的特点之一，全球生产加工链、全球贸易链、全球创新链等"链"式发展，已成为世界发展的重要方式。协同越来越密切，协同越来越规范，这是世界发展的大趋势，也是人类前进的必然要求。所以，标准越来越成为"世界语言"，成为生产和贸易的"宪法"。

3. 方法的综合性

现代标准化更需要运用方法论、系统论、控制论、信息论和行为科学理论的指导，以标准化参数最优化为目的，以系统最优化为方法，运用数字方法和电子计算技术等手段，建立与全球经济一体化、技术现代化相适应的标准化体系。

（三）标准化成为贸易技术壁垒的重要手段

货币是交易媒介，标准则是交易桥梁；无货币难以贸易，无标准也难以交易。以国家贸易为例，从出口国角度来看，出口国的国家标准为本国产品发挥了质量信号的作用，如果出口国的国家标准代表了较高的质量水准并且受到进口国消费者的信任与认同，那么出口国的国家标准可以有效地促进出口，促进贸易的实现。如果出口国的国家标准仅反映了本国消费者的偏好，而这种偏好与进口国的消费者偏好或市场需求差异较大时，出口国的国家标准会不利于本国产品进入国外市场，贸易就无法完成。从进口国角度来看，进口国的国家标准可以为国外企业进入本国市场提供有价值的信息，理论上来说会通过降低交易成本进而促进贸易。所以，国际标准是促进本土企业融入对外贸易、参与全球竞争的桥梁和纽带。采用国际标准意味着掌握了国际通用的技术语言和行为语言，可以为贸易各方发出一致的质量信号，有利于出口国企业进入国际市场，同时可以减少国外企业为适应本国市场需要承担的额外的标准遵循成本。

目前，世界各国都需要遵循世界贸易组织贸易技术壁垒协定的要求，诸如加强国家安全、防止欺诈行为、保护人身健康或安全、保护动植物生命产健康、保护环境以及能源利用、信息技术、生物工程、包装运输、企业管理等方面的标准化，为全球经济可持续发展提供标准化支持。

（四）标准化技术的综合化、超前化发展

标准化是一项古老的活动，当前随着世界经济的不断发展，标准化的拓展面临重大挑战。典型的调研来自智能城市、能源利用率、物联网、纳米技术、网络安全等标准化新兴领域日渐兴起，对标准理念、技术的更新带来挑战；另一方面，随着人们日渐提高的生活质量要求，服务业对标准的需求特别是现代服务业的多样化、个性化需求给服务业标准化带来新的要求，包括公共事业、IT、金融、旅游、医疗保健、教育、零售等产业，每个领域对服务系统和人员的标准化都有不同的需求和侧重点。综合标准化和超前标准化成为应对这些挑战的重要的标准化方法论发展方向。

1. 综合标准化

综合标准化又称整体标准化。在过去，企业的标准化工作主要以孤立分散的形式进行单个标准的制定。按照系统论的观点，标准化对象不可能独立存在，必定是更大的系统的某个子系统，受到其他子系统相关因素的影响和制约。产品和产品组成部分（原材料、元器件、零部件）、设计与制造、技术与管理等，这些要素都是密切相关、相辅相成、互为影响的有机体组成部分。传统孤立的单维标准制定由于忽视了有机体其他要素的影响必然带来其发展的局限性。因此，综合标准化成为改变这种孤立标准弊端的有效方法。具体表现为：（1）标准化的对象从设计标准化延伸到工艺、工装标准化。传统标准化工作强调标准的制定工作，属于设计标准范畴，设计标准必须按照标准化方式进行实施才能保证达到设计标准。工艺是将各种原材料、半成品制作成成品的方法和过程，没有高超精湛的工艺技术，产品设计标准再高，使用的原材料再贵重都无法保证产品满足设计的要求。同时，工业标准化又为工艺设备标准化提供了要求和可能，可以说，当前企业所实行的标准战略是设计标准、工艺标准和工装标准的综合一体化。（2）技术标准化和管理标准一体化。任何企业都是一个由劳动力（人）、设备及劳动对象（原材料、零部件、产品）构成的完整工作系统，而在这个工作系统中，人是主体。传统标准化强调技术标准化，在一定程度上忽视了人的要素。近年来，人们原来越认识到，标准化工作必须改革传统侧重于"物"为对象的技术标准，发展到以"人"为对象的工作标准和以"事"为对象的管理标准。技术标准为工作标准和管理标准提供依据，工作标准和管理标准又是技术标准得以实施的可靠保障。

2. 超前标准化

所谓超前标准化就是根据最新科学技术和管理成就或预测结果，制定出合理的高于企业所能达到的标准，并随着时间的变化而变化，使得标准在有效期内始终处于最佳状态。超前标准化是一种动态的标准化，是将变化的科学技术及时纳入标准的标准化，是真正引领社会化大规模生产的标准化。

（五）标准化教育兴起并成为各国需求

2015 年世界标准日中国主题为"标准联通一带一路，人才筑就标准未来"，凸现了人才在未来标准化工作中的重要性。标准化教育是培育标准化人才的基础，我国应积极通过学历教育培养标准化高端人才。2015 年 12 月，中国工程管理硕士专业学位教育指导委员会、国家标准委办公室、中国标准化研究院就共同开展工程管理硕士标准化方向教育签署了合作协议，成为我国标准化教育的里程碑。2018 年 5 月，由中国计量大学发起的全球首个"一带一路"标准化教育与研究大学联盟成立，来自 30 个不同国家和地区的 105 所高校加盟，其中境外高校 37 所，涉及"一带一路"沿线国家 19 个，标志着中国标准化教育走向新的发展阶段。

第三节 标准化学科的建立

一、标准化学科诞生

众所周知，"标准"和"标准化"这两个词是现代汉语的组成部分，人类历史的发展过程中没有这两个词语的贯穿，但标准和标准化的做法却一直在推动着人类的进步。随着科技发展，生产力水平提升，特别是以市场经济为背景的规模化经营越来越被采用的情况下，如何满足简化过程、优化水平以及在协调统一的管理运作下获取最大利润与产出最大效益等需求时，标准和标准化自然地浮出水面，进入应用。这时，标准化学科就自然而然地产生了。如今，关于标准化是不是科学的问题又被纳入学界的讨论视野，需要有一个明确的定位与回复。然而，这一问题，目前仍然没有明确界定。根本原因是，标准化的基本理论研究还不到位，学科的科学本质还没有透析清楚，理论的逻辑关系与客观事实求证还没有给出令人信服的科学根据。这是标准化人的职责，特别是从事标准化基础理论研究的人员，需要快速和严谨地进行科学探索的任务。

现在，对标准化是否作为学科，已经确认。而在学科体系中做何定位，迄今有待商榷。我国教育部在2010年的本科教学体系名单中，以"标准化工程"为名（专业代码110110S），列入"管理学"领域的"工程学"序列中，但是排除了"医药科学"和"人文与社会科学"两大门类的标准化，显然是不合适的。标准化是什么样的学科？是管理类、技术类或是软学科类？仍然不能给予明确地回答。这也是将标准化列入管理类的根源所在。

二、标准化学科与其他学科的关系

标准无处不在，已经成为人们的共识。这实质上也回答了标准化学科与其他学科的关系，即直接的关系，不是间接的或者其他什么关系。现设的学科体系，是基于西方科技发展中，以三步求证为基础所得到的知识积累后，进行知识分科而来的学问，简称科学。在该体系发育和成熟的过程中，还没有完整的标准和标准化学科，因而就没有能够进入早期学科的分类名单。随着大机器生产和更详细的社会分工以及无限追求最大利润的需求日益增长的情况下，标准化应运而生并突显其强大的综合作用。标准和标准化学科非常有力地支撑了资本主义工业发展、商业经营和管理评判，以一种完全融入的方式进入国家体系和各类体系中，使得发达国家对于执行标准化的自觉意识与行为已经体现在每一个人的血液中。接下来的方式则主要是从管理角度来控制社会层面上的质量问题、安全问题与保密工作。而在非市场化或者市场化发育不成熟的国家和区域，标准化的作用仍然在"内部"工作，将其列为学科知识，成为具备强大理论支撑的门类方面，还处在相当弱势的状态，让学者和学界承认是比较困难的。

无论如何，标准化学科与其他学科的关系是直接的和互容的。标准化学科与其他学科基本存在着两种形式的交集。一是标准化学科是独立的一级学科，也能够与其他学科并存共进，应用标准化知识与其他学科知识结合，为其他学科激发更多、更大的创新；二是其他学科中不能没有标准化，可在其他学科中设置和产生标准化方向，以便规范本学科知识体系和落地的最佳途径、最大效益获取和持续发展目标，并应用标准化理论为该学科发展的人才建设和专业培养做出创新性的贡献。

还可以从标准化学科的理论和方法、标准内容、标准编写方法、标准形成过程、标准实施5个方面，来讨论标准化学科与其他学科的关系。标准化学科与科学的关系在于：

标准化的统一化理论方法及某些标准内容（如光波长度基准）属于科学内容。标准化学科与技术的关系在于：以模块化为标准化形式的理论方法及以加工工艺或检验方法为条款的标准内容属于技术内容。标准化学科与行为学的关系在于：标准化是行为的统一化问题，目的在于实践与应用。另外，在标准的管理中，需要研究行为的习惯、行为的能力和行为的变化效果等，因此标准化的工作既与行为学有关，又与管理学密不可分。标准化与伦理学的关系在于：标准的产生源于社会伦理的需求，标准的执行依赖于道德伦理的层次。出于个人利益的追求，而打破伦理、违背标准的事情屡见不鲜，如三聚氰胺奶粉事件、瘦肉精事件。因此，伦理学在标准的理论、内容和使用上都需应用。

三、标准化原理对标准化学科建立的科学意义

标准化原理是标准化学科的立论基础之一。标准化原理是标准化学科发展的出发点与立命依据，其与标准和标准化的概念一起，构成了标准化学科的理论基础，也是标准化学科的科学性表达的要害和标准化学科建设和发展的基石。

目前，标准化原理仍然不是很完善，标准化学科也因此缺乏坚挺的科学支撑。这也与标准及其标准化的概念还不能够令人信服、不能成为学界完全认可、不具备严谨的学术立论有很大关系。要想使标准化学科成为真正的科学体系，真正体现该学科与其他学科的不同，就要在发展探索中不断完善和固定山标准化原理的根本性要素，就必须在标准化原理、标准和标准化概念的理论研究方面有新突破，使其具有绝对的科学定义。

迄今为止，无论是标准化原理，还是标准和标准化这两个名词的基本定义，仍然是一个困难的命题，需要标准化学者继续努力，突破这些命题。否则，标准化学科发展仍将受到限制，标准化学科的科学性仍会被质疑。

标准化学科已经被分为农业标准化、工业标准化、服务标准化和社会监管标准化四个分支，对于标准化理论剖析起到了更加细致的内部引导，但学科整体的归纳总结和逻辑论证的宏观方面，还需要努力，需要集成和提纯标准化核心，产生真正能够具备绝对说服力的标准化原理。目前的研究几近真理，尚需要在时间轴和空间方向上再加一把劲，应用系统科学、哲学等理论加以包围解析，抓住标准化学科的本质，探究标准学科真正的原理，解决标准化学科立命的软肋问题。

◆◆◆ **思考题**

1. 简述标准化发展历史阶段及各阶段特点。

2. 如何从多个维度认识标准化？

3. 简要叙述标准化学科之科学性受到学界质疑的关键是什么。

4. 标准化学科与其他学科的关系是什么？

本章参考文献

李鑫，李晓媛，崔野韩，等. 农业科学、农业技术和农业标准的关系 [J]. 西北农林科技大学学报（社会科学版），2012（6）：20–25，43.

李鑫，刘光哲. 农业标准伦导论 [M]. 北京：科学出版社，2016.

梁丽涛. 发展中的标准化 [M]. 北京：中国标准出版社，2013.

麦绿波. 标准化的存在感觉与影响 [J]. 标准生活，2012（2）：54–56.

麦绿波. 标准化的多维度认识 [J]. 标准科学，2012（3）：6–11.

王宝友. 标准化工作的哲学认识 [J]. 标准智库，2014（4）：54–57.

张之恒. 试论前陶新石器文化［J］. 东南文化，1985（0）：42–48.

中国标准化研究院，标准化若干重大理论问题研究 [M]. 北京：中国标准出版社，2007.

第二章　标准化与标准

◆◆▶【本章导读】

　　本章内容为标准化的基本概念、标准化原理及开展标准化活动涉及的基础知识。《标准化工作指南　第 1 部分：标准化和相关活动的通用术语》（GB/T 20000.1—2014）中界定了标准化活动概念体系中的相关术语和定义，对该标准的了解与掌握将有助于弄清标准化概念体系。

◆◆▶【学习目标】

　　1. 掌握标准化和标准的基本概念。

　　2. 了解标准化和标准直接的相互关系。

　　3. 理解和掌握标准化的作用及目的。

第一节　　标准化的概念

　　在历史上，英国、美国、法国、德国、苏联、日本和印度等国家的专家、行业协会、标准化相关机构等对标准化概念的定义进行了广泛而深入的探讨，并通过标准化理论书籍、辞典和规范性文件对标准进行了多种形式的表达。这些对概念的表达方式有相近的，也有差异较大的，各种版本多达十几个，并未形成统一的标准化概念认知，一直处于离散状态。这也从另一个侧面验证了标准化学科的哲学性，越抽象的事物，其概念的发散性程度就越广泛，但抽象性事物的本质往往隐藏在大量的具体现象中，使得人们的认知出现了主观性。因而，不同的主体给出概念的定义差异较大。本节列举了一些标准化概念定义的发展历程，旨在探索标准化的本质规律和影响因素。日本工业标准《质量管理术语》（JIS Z8101—1956）对标准化概念的定义为："制定并有效地运用标准的有组织行为。"德国国家标准（DIN 820—1960）对标准化概念的定义为："标准化是指为了公众的利益，由各有关方面共同进行的，有计划地使物质的和非物质的对象统一化。"美国材料试验协会（ASTM）对标准化概念的定义为："标准化是为各有关方面的共同利益和在其合作下，对某一专门活动的规律性方法制定和应用规章的过程。某一标准是某一方面标准化工作的成果，而且该成果只能由某一公认的标准团体所取得。换句话说，标准是促进买主和卖主之间的货物流通并保护公共利益的一种共同语言。"苏联《技术百科全书》对标准化概念的定义为："标准化就是将已规定的规格列入各种形式、等级和组别，对成品、原料和每个生产过程规定统一概念、符号、标志和最精确的标样，并为此将已定的尺寸、重量与材料性能、制造和验收规程固定下来。"法国标准化协会（AFNOR）对标准化概念的定义为："标准化的目的是为解决重复出现的问题提供谅解的基础。"澳大利亚标准协会（SAA）对标准化概念的定义为："标准化规定的方面很广泛，它普遍地存在于人类生活之中。语言就是标准化的一种形式，道德准则和法律也属于标准化的范畴。"

2004年，ISO/IEC对"标准化"概念的定义：

Activity of establishing, with regard to actual or potential problems, provisions for common and repeated use, aimed at the achievement of the optimum degree of order in a given context.

NOTE 1　In particular, the activity consists of the processes of formulating, issuing and implementing standards.

NOTE 2　Important benefits of standardization are improvement of the suitability of products, processes and services for their intended purposes, prevention of barriers to trade and facilitation of technological cooperation.

我国对标准化概念的定义（GB/T 20000.1—2014）：

为了在既定范围内获得最佳秩序，促进共同效益，对现实问题或潜在问题确立共同使用和重复使用的条款以及编制、发布和应用文件的活动。

注1：标准化活动确立的条款，可形成标准化文件，包括标准和其他标准化文件。

注2：标准化的主要效益在于为了产品、过程或服务的预期目的改进它们的适用性，促进贸易、交流以及技术合作。

该定义将标准化界定为一项活动，确切地说是一项人类的活动。人类从事着众多的活动，标准化是人类诸多活动中的一种，它有着区别于其他活动的独自的特点。上述定义包含了以下六个方面的特点。

第一，活动的目的。人类的任何活动都不是盲目的，而是有意识的、有目标的。为了达到活动的目的，人类在从事各种活动的过程中会形成各自的路径或结果。进入社会化大协作的时代，从交流与合作的角度，不同的行为或行为结果会造成不一致或导致混乱，包括人类活动本身秩序的混乱和活动结果(产品、服务)秩序的混乱。这些无序的状态不利于人们实现交流与合作所要达到的目的。为此我们需要从事一项新的活动——标准化。标准化活动的总体目的就是消除混乱、建立最佳秩序，并通过秩序的获得促进人类的共同效益。

第二，活动的范围。任何一项标准化活动都有其预先确定的范围。制定标准的目的是在"既定范围"内获得最佳秩序，也就是说最佳秩序的获得不是无限范围的，是在已经确定的范围内获得最佳秩序即达到了目的。这里的范围包括两层意思：其一，是指标准化活动所涉及的地域范围，如国际、区域、国家等；其二，是指标准化活动所涉及的标准化领域的范围，如机械、信息技术等。标准化活动范围还表示了参与标准制定或标准应用涉及人员所代表的地域及专业的范围。

第三，活动的对象。标准化活动针对的是"现实问题或潜在问题"。如果已经发现在某个范围内现实的无序状况日趋明显，或者意识到将来可能会出现无序的状况，为了便于交流与合作，利益相关方需要考虑将出现无序状况的现实问题或潜在问题的主体确定为标准化对象，通过标准化活动，达到从无序到有序，进而促进人们的共同效益。这里将"现实问题或潜在问题"作为标准化对象是将标准化活动作为个总体，从宏观层面做出总概括。具体的标准化活动都有其特定的具体对象。

第四，活动的内容。标准化活动的内容包括四个方面：确立条款、编制文件、发布文件和应用文件。确立条款的主要活动是在众多的技术解决方案中选择一种或重组一种技术解决方案并形成条款；编制文件的主要活动是起草标准草案，同时履行相应的程序；发布文件的主要活动是审核批准已经编制完成的标准草案；应用文件是标准化活动的重要环节，只有标准化文件得到应用，才能建立起最佳秩序并取得效益。在标准化活动中经常会涉及"制定"这一概念，它包含了确立条款、编制文件和发布文件这三项内容，是这三项内容的总称。制定标准的核心工作是确立条款，条款的表述和应用都需要有相应的载体，因此编制文件、发布文件成为标准化活动的内容之一。实际上发布文件的核心内容是条款，应用文件的核心也是要应用文件中的条款。

第五，活动的结果。从上述分析可以看出，标准化活动确立的是"条款"：编制和发布的是"标准化文件"，其中大部分为"标准"，它是标准化活动中制定标准产生的成果。而应用文件产生的结果为建立包括"概念秩序""行为秩序""结果秩序"等的技术秩序。

第六，活动的效益。标准化活动产生的文件的广泛应用，建立了技术秩序，产生巨大的效益，即改进产品、过程或服务预期目的的适用性，促进贸易、交流以及技术合作。

第二节　标准的概念

标准概念的定义经历了多年的演变，从最早的美国标准化专家约翰·盖拉德定义到目前广泛使用的 ISO 标准定义，标准概念的定义经历了几十年的发展。从1934 年开始，美国标准化专家盖拉德对标准概念的定义为："标准是对计量单位或基准、物体、动作、程序、方式、常用方法、能力、职能、办法、设置、状态、义务、权限、责任、行为、态度、概念或想法的某些特征给出定义，做出规定和详细说明。它是为了在某一时期内运用，而用语言、文件、图样等方式或模型、标样及其他表现方法所做出的统一规定。"1962 年，国际标准化组织（ISO）对标准概念的定义为："标准是经公认的权威当局批准的一个个标准化工作成果。它采用的形式是：（1）文件形式，内容是记述一系列必须达到的要求；（2）规定基本单位或物理常数，如安培、米、绝对零度等。"日本工业标准（JIS Z 8101—1956）对标准概念的定义为："标准是为广泛应用及重复利用而采纳的规格。"德国国家标准（DIN 820—1960）对标准概念的定义为："标准是调节人类社会的协定或规定。有伦理的、法律的、科学的、技术的和管理的标准等。"1983 年，ISO 指南第 2 号对标准概念的定义为："适用于公众的，由有关各方合作起草并一致或基本上一致同意，以科学、技术和经验的综合成果为基础的技术规范或其他文件，其目的在于促进共同取得最佳效益，它由国家、区域或国际公认的机构批准通过。"1983 年，我国国家标准《标准化基本术语　第一部分》（GB 3935.1—1983）对标准概念的定义为："对重复性事物和概念所做的统一规定。它以科学、技术和实践经验的综合成果为基础，经有关方面协商一致，由主管机构批准，以特定形式发布，作为共同遵守的准则和依据。"

1996 年，我国国家标准《标准化和有关领域的通用术语　第一部分：基本术语》（GB/T 3935.1—1996）等同采用 1991 年 ISO/IEC 指南第 2 号对标准概念的定义（第六版），标准概念定义的内容为："标准是为在一定范围内获得最佳秩序，对活动或其结果规定共同和重复使用的规定、指南或特性的文件。该文件经协商一致并经一个公认机构的批准。注：标准应以科学、技术和经验的综合成果为基础，并以促进最大社会效益为目的。"ISO/IEC 指南第 2 号 1996 年版（第七版）对标准概念的定义在 1991 年版（第六版）的基础上做了细微的修改，1996 年版原版英文版的定义内容为："Document, established by consensus and approved by a recognized body, that provides, for common and repeated use, rules, aimed at the achievement of the optimum degree of order in a given context. NOTE: standard should be based on the consolidated results of science, technology and experience, and aimed at the promotions of opium community benefits."2002 年我国国家标准《标准化工作指南第 1 部分：标准化和相关活动的通用词汇》（GB/T 20000.1—2002）等同采用 1996 年 ISO/IEC 指南第 2 号对标准概念的定义，标准概念定义的内容为："为了在一定范围内获得最佳秩序，经协商一致制定并由公认机构批准，共同使用的和重复使用的一种规范性文件。注：标准宜以科学、技术和经验的综合成果为基础，以促进最佳的共同效益为目的。"世界贸易组织技术性贸易壁垒协议（WTO/TBT）对标准概念的定义为："标准是被公认机构批准的，非强制性的，为了通用或反复使用的目的，为产品或其加工或生产方法提供规则、指南或特性的文件。"2004 年，在标准概念的定义上有过多种不完全一样的认识，后来许多国家对标准概念的定义几乎都等同采用了 ISO/IEC 指南第 2 号对标准的定义。ISO/IEC 在标准定义 1996 年版后的新版本是 2004 年版（ISO/IEC Guide 2: 2004）：Document, established by consensus and approved by a recognized body, that provides, for common and repeated use, rules, guidelines or characteristics for activities or their results, aimed at the achievement of the optimum degree of order in a given context.Note: standards should be based on the consolidated results of science, technology and experience, and aimed at the promotion of optimum community benefits。

目前，经过修订，我国对"标准"的定义（GB/T 20000.1—2014）如下：

通过标准化活动，按照规定的程序经协商一致制定，为各种活动或其结果提供规则、指南或特性，供共同使用和重复使用的文件。

注 1：标准宜以科学、技术和经验的综合成果为基础。

注 2：规定的程序指制定标准的机构颁布的标准制定程序。

注 3：诸如国际标准、区域标准、国家标准等，由于它们可以公开获得以及必要时通过修正或修订保持与最新技术水平同步，因此它们被视为构成了公认的技术规则。其他层次上通过的标准，诸如专业协（学）会标准、企业标准等，在地域上可影响几个国家。

该定义将标准界定为一种文件，并指出了这种文件区别于其他文件的 5 个特征：特定的形成程序、共同并重复使用的特点、特殊的功能、产生的基础以及独特的表现形式。

第一，标准的形成需要"通过标准化活动，按照规定的程序经协商一致制定"。上述定义首先强调了标准与标准化的联系，指出标准产生于标准化活动，也就是说只有通过标准化活动才有可能形成标准，没有标准化活动就没有标准。然而标准化活动形成的不仅仅是标准，还会有其他标准化文件，只有"按照规定的程序"并且达到了形成标准所要求的协商一致程度的文件才能称为标准。这里"规定的程序"是指各标准化机构为了制定标准而明确规定并颁布的标准制定程序。所以说，履行了标准制定程序的全过程，并且达到了普遍同意的协商一致后形成的文件才称其为标准。

第二，标准具备的特点是"共同使用和重复使用"。共同使用是从空间上界定的，指标准要具有一定的使用范围，如国际、国家、协会等范围。重复使用是从时间上界定的，即标准不应仅供一两次使用，它不但现在要用，将来还要经常使用。"共同使用"与"重复使用"这两个特点之间是"和"的关系，也就是说，只有某文件在一定范围内被大家共同使用并且多次重复使用，才可能考虑将其制定成标准。

第三，标准的功能是"为各种活动或其结果提供规则、指南或特性"。最佳秩序的建立首先要对人类所从事的"活动"以及"活动的结果"确立规矩。标准的功能就是提供这些规矩，包括对人类的活动提供规则或指南，对活动的结果给出规则或特性。不同功能类型的标准的主要功能会不同，通常标准中具有五种典型功能：界定、规定、确立、描述、提供或给出，例如界定术语、规定要求、确立总体原则、描述方法、提供指导建议或给出信息等。

第四，标准产生的基础是"科学、技术和经验的综合成果"。标准是对人类实践经验的归纳、整理，是充分考虑最新技术水平并规范化的结果。因此，标准是具有技术属性的文件，标准中的条款是技术条款，这一点是它区别于其他文件（如法律法规）的特征之一。

第五，标准的表现形式是一种"文件"。文件可理解为记录有信息的各种媒介。标准的形成过程及其具有的技术规则的属性决定了它是一类规范性的技术文件。标准的形式有别于其他的规范性文件。通常每个标准化机构都要对各自发布的标准的起草原则、要素的选择、结构及表述做出规定。按照这些规定起草的标准，其内容协调、形式一致、文本易于使用。

通过前文对标准界定的分析，可以看出标准是按照规定的程序经协商一致制定的，这就确保了：一方面在标准形成过程中具有代表性的技术专家会参与其中，最新技术水平会被充分考虑，相对成熟的技术中可量化或可描述的成果会被筛选出来并确定为标准的技术条款；另一方面，经过利益相关方协商一致通过的标准会被各方高度认可，发布的标准可以公开获得，并且在必要的时候，还会通过修正或修订保持与最新技术水平同步。因此可以得出标准的本质特征是公认的技术规则。

第三节　标准化与标准的关系

标准化与标准的关系密不可分。从形式上来讲，标准是一种文件，标准化是一个活动过程；从活动的结果来看，标准是标准化活动的产物。标准化活动的成果可以通过标准的形式来呈现，因此可以说标准是标准化活动的产物，但标准化的产物还包括其他的标准化文件。从目的和作用方面讲，标准化的目的和作用都需要通过制定和实施具体的标准来体现的。标准化的基本任务和主要内容是制定标准、实施标准进而修订标准的过程，而且是一个不断循环、螺旋式上升的运动过程。每完成一次循环，标准的水平就提高一步；但标准化的效果只有当标准在社会实践中实施以后才能表现出来，绝不是制定一个标准就可以了事的。从构成条件来看，标准只是构成标准化的充分条件。标准化作为一种普遍的客观规律，具有非常广泛的内涵，它既存在于自然界之中，也存在于人类思维、生产、生活的各个方面。在没有标准的条件下，人们在生产、生活中同样可以通过一些习惯、经验或管理等途径实现标准化。这一点从人类古代的标准化活动中也得到了充分体现。例如古代手工业生产的标准化，完全是依靠劳动经验或诸如《考工记》《齐民要术》《营造法式》等一些典籍来实现的。因此从这一点而言，标准只是构成标准化的充分条件，而非必要条件。从体现形式上看，标准是最具有标准化自身特色的体现形式。前文所述，只有在人类有意识地开展标准化活动中才有标准，人类有意识开展的标准化活动必须具备三个构成要素：一是必须要有参照主体，二是必须要有唯一确定的参照对象，三是参照主体必须以参照对象为基准向其不断逼近并且最终与参照对象达成统一。以上三个要素缺一不可。显而易见，标准在人类标准化活动中扮演了这种参照对象的作用，不过这种参照对象可以通过很多形式来表现，标准只是其中最具有标准化自身特色的一种表现形式而已。

从制定和实施途径来看，制定和实施标准是实现标准化的最佳途径。如前文所述，实现标准化的途径可以有很多种。例如自然界的标准化就是物质在自然规律的作用下，通过自身的演变进化，缓慢地趋于统一；远古时期，人类从实践活动中获取经验，制造出标准化的石器；秦始皇通过颁布法令实现文字与度量衡的统一；福特通过创新管理与生产方式开创了现代工业基于标准化的流水生产线；等等。但是，现代工业生产的实践证明，当面对复杂系统时，制定标准和实施标准则是实现标准化的最佳途径。这是因为标准是思维意识统一的物化形式，而在这种思维意识的统一过程中，不仅标准化的目的和对象最明确，有利于寻找到一条效率最高、效果最佳的标准化路径，而且人的主观能动性会确保最终所选择的标准化路径，是在其认知范围内最接近于理论、具有最优值的最佳途径；从特性方面看，标准让标准化成为一种专业活动。正是因为人们在制定标准和实施标准的过程中，标准化目的最明确，采用的方式、方法与人类的其他生产实践活动相比，最具标准化的独特特性，才使得标准化——这一普遍存在于自然界和自人类诞生以来便和人类生产、生活息息相关的活动——从人类的其他生产实践活动中分离出来，发展成为一种独立的专业活动。这也是为什么人类开展标准化活动的历史可以追溯到人类起源，但专业的标准化活动直到近一两百年才形成。

尽管"标准"一词定义颇多，但学者和从业者在多个定义中概括出以下关键的共同要素：以协商一致方式确定；由认可机构批准；提供活动或其结果的规则、准则或特性；旨在实现秩序；和技术或商业活动的一致性，尤其是确保用户相信知识、材料、产品、过程和服务等的适用性。有专家指出，标准和标准化之间的关键区别在于，标准化通常至少在一定程度上发生，并且有时是不可避免的，无论标准是否被承认或正式确立。

第四节　标准化的作用及其意义

标准化的作用包括标准化的必然作用、直接作用、主导作用，不考虑间接作用、可能作用、支持作用和附属作用等次要作用。标准化的作用提炼的是标准化自己特有的和最有其特点的作用。只有确切地给出事物的作用，才有利于事物作用的利用和推广。能够引起共识的作用一定具有客观性和可感受性。标准化作用的提出以理性、客观性和可证实为原则，按照这些原则提出了以下标准化的作用。这些标准化作用是标准化状态形成和标准化状态运行的作用。

一、统一化作用

标准化具有时间统一化作用、空间统一化作用、静态统一化作用、动态统一化作用。标准化可使事物的空间和时间关系处于统一化状态，这种统一化状态使事物处于时间不变关系或（和）空间不变关系，由此，形成了事物时间的统一化作用或（和）空间的统一化作用。标准化统化的对象可以是静态的，也可以是动态的。统一化的静态对象可以是几何形状、度量衡关系、实物产品、文字、符号、概念、知识、参数等；统一化的动态对象可以是语言行为、动作行为、工作行为、运动行为、舞蹈行为、唱歌行为、书写行为、交通状态(水、陆、空、天)等。对静态对象和动态对象进行时间性统一，就构成了对象时间重复的统一化。对不同位置的对象进行统一，就构成了对象空间分布性的统一化。统一化作用是标准化的根本作用，是标准化其他所有作用的本质性作用。

二、复制作用

标准化的统一化状态是按其"约定"在时间域和空间域的再现，这种"约定"再现实现了与"约定"同一的时间性复制和空间性复制。标准化中的"约定"就像生物学中的"遗传基因"DNA，对标准化载体进行"约定"复制，实现载体时间性的同一结果和空间性的同一结果。企业长期生产相同产品、不同地区企业生产相同产品、不同地区提供相同的餐饮服务和宾馆服务等都是应用了标准化的复制作用。标准化的复制作用可应用于产品生产、工程建设、生产方式、服务方式、管理方式、工作方式等各个方面，复制作用是标准化状态的扩展作用。

三、互通作用

标准化建立统一的收发方式、传输方式、传输路径、传输对象等，可实现传输对象的互通，标准化为传输发挥了互通作用。标准化互通最传统和最典型的例子是语言和文字的互通，统一的语言可以进行交谈互通，统一的文字可以进行书信互通。语言统一以口腔和耳朵作为发、收方式，以空气为传输路径，以声音为传输方式，以统一的发音及其含义的声音为传输对象。文字统一以书写和眼睛作为发、收方式，以书信为传输方式，以寄送为传输路径，以统一的书写符号及其含义为传输对象。统一表达信息形式和含义，使信息可相互交换、相互识别和相互理解，对信息的交互发挥了互通作用。数字信息通过建立统一的传输链路、传输协议、数据格式、信息代码等实现数字信息的互通。标准化的互通作用不仅是对信息的互通作用，还包括对物质和能量等的传递、交换的互通作用，如电力、热气、煤气、自来水、交通运输等的互通。

四、简化作用

标准化状态的形成过程是一个诸多关系筛选和优化的过程。标准化的通用化、系列化等状态建立的过程是一个精简优化的过程。标准化建立的过程对标准化的对象实施了简化，发挥了简化作用。标准化建立的过程是对现状梳理、筛选、精干的过程，这个过程就是一个海劣选优的过程。典型的标准化简化有通用化设计、系列化设计、品种规格压缩等标准化行为。简化作用是标准化状态形成的作用。

五、秩序化作用

标准化是建立一种规律化的统一化状态，这种统一化状态是严格的和稳定的状态，稳定的规律化就是新秩序的建立，由此，标准化发挥秩序化的作用。秩序化有按空间关系排列的空间秩序和按时间关系排列的时间秩序。标准化建立的秩序有动态秩序和静态秩序。动态秩序有：对陆地交通统一为靠右行或靠左行，这就建立了地面流动关系的秩序；对空中规定飞行方向和空中高度关系，这就建立了空中的流动关系的秩序等。静态秩序有：电影院布设、教室布设、城市建设布局等秩序。静态秩序还包括建立标准化的图案、颜色线条、形状等规律，形成表达秩序，显现出整齐、有序、规则的状态，给人一种舒适、吸引、惊奇、规律化等感觉。

六、提高效率作用

标准化状态建立的过程是一个淘汰无效化、优化、建立有效秩序的过程。由此，建立的标准化动态化秩序将比无序化和随意化有显著的动态运行效率。对动态事物实施标准化，将提高事物动态运行的效率。例如，对操作行为和管理行为等建立标准化状态，先剔除无效性环节，保留优选环节，使有效部分程序化，由此，建立的标准化的操作行为和管理行为等将更有效、更省时，大大提高了事物运行的效率。标准化为操作行为和管理行为等发挥了提高效率的作用。现实中，高效率的标准化生产、服务、管理等都是标准化发挥提高效率作用的佐证和显现。

七、互换性作用

将同种事物间的特性偏差关系控制到一定范围时，使这些事物建立偏差的统一化状态，就能实现事物间的互换，标准化发挥了互换性作用。标准化互换性作用的范围包括几何互换性、功能互换性、模式互换性、行为互换性等。能进行互换的事物可以是产品系统组成关系的零件、部件、组件等，可以是软件模块，也可以是声音、表演、行为等。特性偏差可以是尺寸、形状、功能性能、效果等偏差。可互换的偏差大小的要求，由事物间可接受的差异大小决定，或事物差异分辨力界限决定。任何事物，只要其某些特性的偏差大小统一到可接受的差异内，不能分辨差异或差异不影响时，就能实现事物在这些特性上的互换。互换性对标准化是有依赖性的，互换性的事物一定是标准化的。互换性给生产、使用、维修带来了无须修改和调整的方便及可靠。

八、辨识性作用

事物表达性的特征关系一旦实现统一化，事物就具有了可辨识性，或者说，标准化统一了辨识要素，对事物发挥了可辨识性作用。自然界动物和植物的可辨识性正是由于其基因对其特征关系进行了统一固定或形成标准化状态。事物特征关系的统一化定义，形成了一种事物的"身份标签"，这种"身份标签"使其具有了可辨识性。当事物可感觉的特征关系在空间和时间关系上统一时，这些特征就会具有时空辨识性。标准化可使事物表达某些特定含义的特征关系或形式时在空间关系统一和在时间关系统一，这种统一能使人们感觉到它们在时空上的相等。这些感觉关系包括视觉、听觉、嗅觉、触觉等，标准化可固定表达事物的光辐射、声音、味道、形状、表面质感等特征关系，使事物具有视觉、听觉、嗅觉、触觉的辨识性。标准化对事物的辨识作用不仅仅在感觉关系上，还包括在任何可检测的关系上，如物质的组成与含量、酸碱度、折射率、电导率等。标准化的辨识作用在企业标志、产品商标、道路标志等方面都有广泛应用，如麦当劳标志、肯德基标志、梅林罐头商标、道路小心标志等。企业视觉识别系统正是利用了标准化的辨识作用。如果企业标志、商标设计出来后，在各地使用不一致，经常发生变化，就不会具有辨识性。对军队各军种服装的颜色、款式等进行标准化统一，很容易就能识别出着装的军人属于陆军、空军或海军等哪个军种。对声音、文字、动作、代号、概念的标准化，使其表达具有了可识别性。

九、节约作用

标准建立合理用料关系带来了材料的节约，建立合理的操作程序带来了时间的节约，建立有效方法避免了低水平的无效重复工作等，标准化发挥了节约材料、节约时间、节约劳动等作用。标准化的节约包括建立统一化过程中剔除多余性带来的节约、选择合理性带来的节约、建立有效程序带来的节约等。标准化的节约作用是将事物统一在合理性上带来的节约效果。这种节约效果分别有经济节约效果和时间节约效果。经济节约效果是避免浪费的作用，时间节约效果是提高效率的作用。标准化的节约作用主要在研制、生产、物流、服务、管理等方面。标准化节约的另一个方面是，标准化的劳动是相同的重复性劳动，劳动的熟练程度会不断提高，符合卡斯特模型，即每次重复将使劳动时间有一定百分比的缩短，由此提高了劳动效率，带来了时间节约和费用节约的效果。

十、保护作用

标准化将对象的某些特定关系保持在一种统一化状态下，这种统一化不变的状态具有对其他事物无法侵害性或对自己防护性作用，由此，标准化具有保护作用。例如，对有害作业场所的危害因素统一控制到不危害人身体健康的水平，或者说实施标准化的作业场所的职业卫生控制，就能起到对作业人员的职业卫生的保护作用；对有害排放的危害因素控制在统一规定的限值内，可避免排放对环境的破坏；对危险品进行安全标准化管理，就能起到安全保护作用；对食品的添加进行无害控制，就能起到保护人体健康作用；对产品制造的功能和性能进行统一，使每个产品的制造都符合统一的合格质量规定，就能保护消费者的利益。标准化的保护作用通常应用于环境、食品、资源开发、产品安全、生产安全、公共场所安全、运输安全、职业卫生产品质量、服务质量等。

标准化对一个事物可能会产生多个主导作用。例如，使交通行驶方向标准化，统一规定为靠右或靠左行驶，这将产生秩序化的作用，也产生了安全保护的作用，还产生互通作用和提高效率的作用。这反映了标准化的作用间具有共生性，即一种对象的标准化会共同产生两个及其以上的作用。标准化带来的作用可能是多管齐下的。不同的标准化作用有不同的价值意义。

同一标准化的作用可转换为几个相关的作用，标准化的作用具有转换性。相关的标准化的作用可以不同的形式反映出来，不应该将这些作用看成是多个作用，而应该将多个相关的作用看成是同一本质的作用。例如，标准化的节约作用可转换为标准化的降低成本作用、标准化的省时作用、标准化的效率作用等；标准化的秩序化作用可转换为规范化作用、条理化作用、整洁化作用等。

标准化的 10 个作用中的每一个都有许多应用的领域或对象。例如，统一化作用可应用于任何领域或对象；复制作用可应用于产品生产等领域；互通作用可应用于信息交换等领域；秩序作用可应用于交通和社会管理等领域；简化作用可应用于产品设计和产品统型等方面；提高效率作用可应用于设计、生产、服务、管理等方面；辨识性作用可应用于企业标志、商标、职业服装、语言、文字等方面；互换性作用可应用于批量化生产和群体行为等方面；节约作用可应用于耗能、耗料生产，重复性技术劳动和操作劳动等方面；保护作用可应用于食品、环境等领域。

◆◆ **思考题**

1. 简述标准化和标准的基本概念。
2. 举例说明标准化的作用和意义。

本章参考文献

白殿一．标准化基础 [M]．北京：清华大学出版社，2019.
麦绿波．标准化学——标准化的科学理论 [M]．北京：科学出版社，2017.
麦绿波．标准学——标准的科学理论 [M]．北京：科学出版社，2019.

第三章　国内外标准化原理

◆▶◀◆【本章导读】

　　标准化要成为一门独立的学科，必定要有其独立的原理。尽管标准化是人类社会实践的产物，它跟随着人类历史的发展经历了漫长的发展过程，但作为一门独立的学科，还属于一门新兴的学科，由于它涉及面广，许多理论与相关学科纵横交错、互相渗透、彼此难分。因此，近半个世纪以来，越来越多的标准化工作者，对进行标准化原理的研究表现出极大的兴趣及给予了特别的关注。本章系统梳理了国内外的标准化原理，将带领读者领略和感知标准化原理的价值。

◆▶◀◆【学习目标】

　　1. 了解国内外标准化原理研究概况。

　　2. 掌握桑德斯的"7 个原理"和日本松浦四郎的"19 个原理"。

　　3. 熟知李春田的标准化原理。

　　4. 了解麦绿波的标准化原理以及国内其他学者的标准化原理。

　　前面两章内容我们对标准化与标准的概念进行了详细分析，并且可知标准化活动能够产生巨大效益，如改进产品、过程或服务预期目的的适用性，促进贸易、交流以及技术合作。标准化是如何发挥作用、产生效益的，其原理是什么？对这些问题进行探讨与研究将具有重要的理论及现实意义。许多专家、学者在对标准化的起源、标准化的发展历史及标准化实践进行深入研究的基础上，提出了对标准化原理的各种见解和论述。这些不同的观点与看法，一方面说明了标准化理论与研究工作正引起国内外学者的高度重视与热烈讨论；另一方面也说明标准化理论正处于探索阶段，实践经验不够充分，结论还不成熟，有待于进一步深入研究，反复实践，才能做出科学的立论。

在阐述标准化原理之前，首先我们要知道原理的概念。原理是指"带有普遍性的、最基本的、可以作为其他规律的基础的规律"。[①] 可见，原理是揭示基本规律的，它的本质规律性决定了在某一学科或领域不存在众多的原理。

第一节　国外标准化原理

ISO 于 1952 年成立了标准原理委员会（STACO），它的首要职责是在标准化原理、方法和技术方面充当 ISO 理事会的顾问，在考虑标准化经济问题的同时，使 ISO 的标准化活动取得最好效果。在其他一些国家里也设立了相应的机构，这对标准化原理的研究工作起了相当大的推动作用。1985 年，日本设立了标准化原理委员会（JSA/STACO），相继开展了对标准化状况的调查，以及对标准化经济效果的计算方法和术语标准化的研究。1986 年，宫城精吉提出了标准化的两个基本原理（经济性的原理和对策规则的原理）和一系列分原理。很多国家也开始专门成立机构，并开设标准化工程专业，促进标准化理论的研究。STACO 和各国的标准化专家对标准化的概念、原理和方法以及经济效果的测定及其他理论问题的研究日渐活跃。具有代表性的或者具有影响力的是由英国桑德斯所著的《标准化的目的与原理》和日本松浦四郎所著的《工业标准化原理》，他们分别在其著作中提出了著名的"7 个原理"和"19 个原理"。

一、美国盖拉德的标准化原理

美国学者约翰·盖拉德最早把标准化作为一门学问进行研究。其在 1934 年出版的著作《工业标准化的原理与应用》中试图对标准化定义、原理以及标准化实践进行深入探讨，并在理论层面上提高，开拓了向全世界传播标准化思想的道路。在该书中，盖拉德认为标准是对计量单位或基准、物体、动作、过程、方式、常用方法、容量、功能、性能、方法、配置、状态、义务、权限、责任、行为、态度、概念或想法的某些特征，给出定义、做出规定和详细说明；它以语言、文件、图样等方式或利用模型、标样及其他具体表现方法，并在一定时期内适用。[②] 尽管该定义罗列了很多标准化对象，但其概括性不够。

---

① 中国社会科学院语言研究所词典编辑室. 现代汉语词典 [M]. 7 版. 北京：商务印书馆，2016：1610.

② 陈渭. 标准化基础教程——标准化理论与实践 [M]. 北京：中国计量出版社，2008：1.

二、印度魏尔曼的标准化原理

印度学者魏尔曼 1972 年撰写的著作《标准化是一门新兴学科》首次把标准化作为一门学科做了全面的探讨。他从语义学和术语学的角度对学科、工程、工程师、科学、工艺学、标准工程师、标准、标准化、规格、简化、统一化、专业化、功能互换性、尺寸互换性、命名、识别、代码、编码、标志等重要概念进行讨论，论述了标准化的目的和作用、标准化的领域和内容，提出了标准化三维空间的概念，阐释了"个别级标准"的意义，然后论述了有关计量单位、标准的贯彻、质量检定标志、标签、消费者与标准化、标准化的计划、标准化的经济效果、标准化的数理手段等问题。

三、英国桑德斯的标准化原理

英国标准化专家桑德斯在其 1972 年出版的专著《标准化的目的与原理》中提出了 7 个原理。他认为，标准化活动过程就是制定—实施—修订—再实施标准的过程。

【原理 1】简化原理。

标准化从本质上来看，是人们有意识地努力使其统一的做法。标准化不仅是为了减少目前的复杂性，而且也以预防将来产生不必要的复杂化作为目的。以简单化为目标的人们，只有通过有意识的努力使一切有关者互相协作才能成功。制定标准的方法应以全体一致同意为基础。当代表全部有关利益的各方面，根据一个适当派定的权威机构的判断，达成了实质上的协议时，标准化实践上的一致同意就可以取得了。一致同意包括远比简单多数赞成这一概念更多的东西，但并不一定意味毫无异议。

【原理 2】协商一致原理。

标准化不言而喻是经济活动也是社会活动，应该在所有有关者的互相协作下推动工作，也应该在全体同意的基础上制定标准。

标准化的效果只有在标准被实行时才能表现出来。制定、出版标准不过是为了达到目标而采取的手段。即使出版的标准内容很好，而在生产和消费的所有场合中没有被实施，那就没有任何价值。实际标准并非印了就用，而是要经过多次反复的，所以，所有有关人们的协作是不可缺少的。为了得到那样的协作，必须大力地宣传。

【原理 3】实施价值原理。

出版了的标准如不实施，就没有任何价值。实施的时候，为了多数的利益而牺牲必要的少数的利益，这种情况是可能有的。标准化的领域与内容的选择，应该慎重考虑各方面的观点。应按照各个不同情况考虑优先顺序。而且，由于标准化的直接目的是变复杂为单纯，把过多的东西变为适当的数量。所以，标准化的行动过程包括：（1）从许多可取的项目中合理地选择最合适的；（2）在一段时间内，把选出的项目无变化地固定下来。

【原理4】选择固定原理。

决定标准时的行动，实际上是选择以及将其固定之。有的标准必须定期地重新估价和修改，根据各种不同情况予以全面地改变。间隔时间不能过短，但也不能太长。对一般标准来说，必须预先调查清楚有无必要修改。所有的标准从出版后，最多在十年，都有必要进行实质性的修改。

【原理5】定期更新原理。

标准在规定的时间内，应该按照需要进行重新认识与修改。修改与再修改之间的间隔时间根据各个不同情况而决定。

在起草产品标准时，规定产品的主要特性，这是不言而喻的。而对使用中所期望的性能以及根据情况规定组成产品的材料，这也是常有的事。关于所规定的各种特性，各个产品或各批产品是否符合标准，必须用明确的方法规定下来。即标准应该采用的试验方法，如有必要还应明确规定试验设备。如在需要取样的场合，应规定其方法。

【原理6】检验测试原理。

在规定产品的性能或其他特点时，规格中必须包括关于所使用的各种方法和检验的说明，以便确定该指定商品是否与规格相符。在采用取样的场合下，应规定取样方法；必要时，还应规定试样的大小和取样次数。

关于标准是否采用法律规定而强制实施的问题，必须慎重考虑全部环境条件。应依据标准的性质和社会的工业化水平，以及预期执行此种标准的一个或数个国家的宪法与法律而做出决定。用法律规定的标准有很多种，计量标准就是其中一例。有关安全与健康的场合，法律性的强制往往是可取的。在国际上，由国与国之间的协定来执行标准也是有的。例如：为了海、陆、空的交通规则或者限制公害而制定必要的标准。操作规范也需要某些法律性的强制。对于大多数产品标准则要同意后实施。有很多场合不能实行法律性的强制，这是可以理解的。然而，如果消费者对自己买的东西经常要求必须符合标准，这是更有力地制裁不符合标准的商品与业务，其效果甚至超过法律的力量。可是，发展中国家在工业上因为正在积累经验，还没有奠定坚强的基础，所以，从法律上考虑某些附加的处理也是需要的。

【原理7】法律强制原理。

关于国家标准以法律强制实施的必要性，应该谨慎考虑标准的性质、工业化程度及其社会上先行的法律和形势等各方面情况。

四、日本松浦四郎标准化原理

日本学者松浦四郎在1972年出版的《工业标准化原理》一书中，提出了19项标准化的原理，全面阐述了他的理论观点，认为从有秩序状态转变到无秩序状态是一种自然趋势，标准化活动就是我们为从无秩序状态恢复到有秩序状态而做出的努力。

【原理1】标准化本质上是一种简化，是社会自觉努力的结果。

"简化"这个术语具有广泛的含意，表示行动方向是"从复杂到简单""从多样化到统一""从无秩序到有秩序""从多到少"等。

【原理2】简化就是减少某些事物的数量。

【原理3】标准化不仅能简化目前的复杂性，而且还能预防将来产生不必要的复杂性。

在时间消逝过程中事物总是变得复杂或无秩序，而标准化就是努力制止这种自然趋势的过度发展。

【原理4】标准化是一项社会活动，各有关方面应相互协作来推动它。

虽然在个人或他的家庭生活中能够看出标准化活动，但是只有当标准化活动进入社会生活即制定公司、协会、国家和国际级别的标准以后，它才有重大意义。

【原理5】当简化有效果时，它就是最好的。

虽然简化是将某些事物从多减到少，然而较少并不总是较好。在面对普通商品的情况下，经常需要有一些合理的品种。我们必须考虑为实现标准化的目的应该在多大程度并怎样有效地减少数量。

【原理6】标准化活动是克服过去形成的社会习惯的一种运动。

长期形成的习惯对变化通常会施加十分巨大的阻力，标准化或简化将不可避免地遭到社会习惯势力的阻挠。这可以说是习惯阻力，并且是当改变习惯时由社会所施加的。

【原理7】必须根据各种不同观点仔细地选定标准化主题和内容。优先顺序应从具体情况出发来考虑。

【原理8】对"全面经济"的含意，由于立场的不同会有不同的看法。

我们必须从各种角度研究选定标准化主题和内容。例如，一项工业产品虽然性能低劣，但如合理地使用还是可靠的，反之亦然。我们必须确切了解哪些特性可进行标准化，如性能、可靠性或仅仅是互换性所需要的尺寸，或者这些特性的综合。在国家一级，甚至在国际一级实现最佳全面经济，与在一个公司内实现最佳全面经济会有相当大的差别。这一点较易理解，因为在一个公司内比在许多独立的国家之间更容易就全面经济的讨论取得一致意见。每一个国家总想从它同意的国际标准中得到某些利益，不会为其他国家的利益而牺牲本国利益。由于近似的政策，国际一级的标准化不易实现多数获利少数受损的原则。

【原理9】必须从长远观点来评价全面经济。

当国际标准化活动没有推广时，就可能出现同一产品在各个国家有很多不同的标准的现象。这时进口和出口国两方面都不能实现全面经济。如果一个国家从其他国家进口不同标准的产品，进口的这种产品就可能在这个国家中引起令人厌烦的混乱，因为大批同一用途的各种产品放在一起无法实现使用或储存的互换性。这个进口国家将会不高兴，出口国家虽然短期内会获得利益，然而从长远看它也不会满意。

【原理10】当生产者的经济和消费者的经济彼此冲突时，应该优先照顾后者，简单的理由是生产商品的目的在于消费或使用。

【原理11】使用简便最重要的是"互换性"。

【原理12】互换性不仅适用于物质的东西而且也适用于抽象概念或思想。

互换性概念并不仅仅限于实物，而应该从广义上考虑，就是说抽象概念的互换性也值得考虑。如语言或文字是人们相互交流思想的重要工具，即使没有在国际上，也应该首先在全国范围内实现标准化。史前时代人类首先完成的最绝妙的工作，就是人类语言的标准化，使其作为交流思想的工具，虽然当时它并不完善而且不能通用。

【原理13】制定标准的活动基本上就是选择然后保持固定。

标准化的直接目的是从复杂变成简单或从多变少。制定一个标准的过程：（1）从许多可供挑选的项目中合理地选择最适合的内容；（2）在一段时间内保持所选定的内容固定不变。

【原理14】标准必须定期评论，必要时修订。修订时间间隔多长，将视具体情况而定。

在讨论标准化方法时，必须注意标准化活动是由下述3个过程组成：（1）制定标准；（2）实施标准；（3）评价标准实施的效果。这3个过程始终构成一个循环——一条闭合反馈线路。这就是说，在最后的过程即评价过程中，我们可以研究这个标准对于工业本身或对社会全面经济是否有利，并且可以将评价结果反馈给制定标准的机构，以便必要时修订或废除这个标准。对所有标准都需要定期进行评论和修订，以跟得上技术的进展。评论的时间间隔多长将视具体情况而定。

【原理15】制定标准的方法，应以全体一致同意为基础。

标准化活动的第一个阶段是制定标准。制定标准是最重要的阶段，因为必须经过审慎讨论，努力达成实现全面经济的协定。"全面经济"的概念自然地导致"一致同意"。当代表有关利益的各方面，根据委派适当的权威的判断机构，达成实质性的协议时，就取得了标准化实践上的一致同意。一致同意的含义远比简单多数赞成要多，但它并不意味着毫无异议。国家标准的制定通常是由国家标准机构承担。国家标准机构的性质和类型，在各个国家和在具体问题上有相当大的差别。几乎普遍接受的制定国家标准的办法是"委员会方法"。有关利益的各方，如制造厂、消费者、工程技术专家、政府部门、实验室和研究机构，都派去适当的代表参加委员会。因为要取得有关各方同意是很不容易的，一致同意往往需要很长时间才能达到。

【原理 16】标准采取法律强制实施的必要性，必须参照标准的性质和社会工业化的水平审慎考虑。

强制性标准有很多实例，诸如计量单位和国家币值。广义地理解标准化，可把政府颁发的法律和法令看作标准。狭义地理解标准化，要看对标准的实施应该是强制还是自愿的。

【原理 17】对于有关人身安全和健康的标准，法律强制实施通常是必要的。

【原理 18】用精确的数值定量地评价经济效果，仅仅对于适用范围狭窄的具体产品才有可能。

标准化的效果尤其公司一级具体标准的经济利益几乎可以用金额来精确计算。然而对于国家一级和国际一级标准来说，虽然不是不可能，但很难用金额来评价一个标准或推荐标准的实施效果，因为经济问题包括许多相互依赖的因素。显然应该承认，对不同级别的标准化，计算结果的精确程度会有所不同。在公司内部必须用金额计算一个具体标准的经济利益或成本。

【原理 19】在拟标准化的许多项目中确定优先顺序，实际上是评价的第一步。

这一原理实际上是松浦四郎通过大量数据统计而对原理 7 得出的结论。

松浦四郎提出的标准化原理，基本是对桑德斯标准化原理的概括，并做了局部调整和拓展。他在标准化与"全面经济"、生产者和消费者的关系、标准的互换性、企业标准化经济效果的评价等方面做出了开创性贡献，尤其是其将"熵"的概念引入标准化领域，用以阐明标准化如何使社会生活从无序走向有序，丰富了标准化的理论范畴。松浦四郎首先是把标准化定位为企业和产品生产的"基础"，这是其立论的前提。在我们的社会生活中，知识和事物增加的趋势，同宇宙中熵的增加的自然趋势极为相似。人类为了效率更高的生活，免除不必要的甚至是有害的增长，不得不有意识地减少不必要的多样化。有意识地努力简化就是标准化的开端。

五、荷兰汉克·杰德·弗里斯标准化原理

荷兰伊拉斯姆斯大学鹿特丹管理学院汉克·杰德·弗里斯教授认为，标准化研究包括 4 个方面，即标准本身、标准开发、标准传播和标准的使用。而标准化研究中的 4 个方面可包括许多基础学科和应用学科。比如，数学对于标准化来说主要涉及标准的内容方面，即如何确定关于匹配问题的有限解决方案（如最佳的型号范围），以及如何确定其他计算方法（如统计技术）。社会学研究的中心问题是合理性和非合理性之间形成的作用力，我

们可以把标准的开发、选择和应用看作是社会活动的过程。与标准化领域相关的应用学科包括：（1）设计、开发和建筑科学（如机械工程、土木工程、建筑、信息学、农学、生物技术）；（2）医疗保健科学（如医药、牙科、兽医药学）；（3）管理学（如管理体系等议题）。对标准化中的某些典型的个人或者机构可以用特定的科学原理进行研究，例如：（1）工商管理学主要研究公司的功能和相互关系，标准化理论在该学科中研究的内容包括中小企业、一般企业（标准的使用）、工业中的典型企业、典型的公司（铁路、热力系统工厂）、标准用户、国家标准化组织、认证认可机构、产业联盟，以及客户等。（2）公共管理学科可研究政府在标准化中的角色，这些角色包括：支持标准化作为政府在促进市场功能和国际贸易中的基本角色；建立标准化的法律基础；政府自身的标准化活动的开展；通过在法律中引用标准，让标准化能够辅助、简化并改进法律体系；在特定的公共部门任务中利用标准化；在一般（非特殊）的政府领域用标准化改善监管功能。与标准化活动相关联的应用学科主要包括政策学、设计学、技术和人文社会研究、信息科学。

他认为，在标准化中发生着活动，即设计、选择和应用标准。所以，如果把研究标准化看作是理论学科，它则是与活动相关联的一门学科。因为这种现象实际上是企业运行的一部分（包括企业之间的相互关系，以及与客户和政府之间的关系等），伴随市场营销、金融管理、信息管理以及质量管理等，我们可以把标准化学科看成是工商管理学中的一个专业。当然，这些都不排斥从基础学科的输入，而技术学、经济学、法学和社会学这几个方面显得非常重要。因为几乎所有的标准都是对技术（匹配）问题给出的解决方案，标准从其定义看是一种经济活动；标准同样是协议的确立；同时标准化过程中存在着社会互动。

六、其他国家标准化原理研究

法国的雷诺通过对气球绳索规格简化的研究，提出了优先数系理论。1939年，艾·卡柯特在研究产品品种简化与降低产品成本的关系上提出了卡柯特法则（即卡柯特公式）。波兰的约·沃基次基提出了标准化三维空间，英国的西尔伯斯敦和马克西通过对汽车产量与成本关系的研究，于1969年提出了西尔伯斯敦曲线，1972年苏联的特卡钦科等合著《标准化对象参数最佳化系统》。他们都对标准化的理论建设做出了巨大的贡献。

荷兰伊拉斯谟大学鹿特丹管理学院的汉克·杰德·弗里斯教授在2001年IEEE第二次会议上又以"标准化是一门学科吗？"为题发表论文，并于2011年在中国标准化杂志上发表论文《标准化——多学科领域研究》。他的基本观点是，标准化学科研究是一个涉及多学科的研究。他在文中试图通过一个系统的学科清单与标准化的特性相对照，找出能够对标准化研究有贡献的所有学科，并且论证标准化需要一个多学科的特殊方法来进行研究。他的结论认为，管理学是一个能够把其他学科的研究集成起来的学科，而技术科学、经济学、法学、社会学对标准化学科的贡献最为重要。他还认为，标准化学科应该看成是工商管理学中的一个专业。我们现在能够见到弗里斯教授对标准化学科研究的很多研究成果和著作，比较有代表性的著作有《标准化：关于国家标准化组织任务的业务途径》。在其中他详细探讨了标准和标准化的基本概念和分类、用户需求、标注化中的利益相关方、标准开发分析及其改进、标准的传播机制、在标准应用中的人的行为、管理体系标准、服务行业标准化、公司标准化、国家标准化组织及其为公司标准化开展服务等。

德国对于标准的定义为：标准是调节人类社会的协定或规定。有伦理的、法律的、科学的、技术的和管理的标准等等。德国的技术术语（DIN 820 1960）必须与相关的英语术语保持一致，才能保证德国高水平、高质量的技术创新，否则德国出口将在产品质量等诸多方面受制于其他标准。以 DIN（德国标准化学会）的术语标准技术委员会和 DIN 的术语数据库"DIN-Term"为基础，德国寻求通过高效、快速的术语工作，提供可靠的标准术语。德国标准化学会已经开展了两项研究：一项是定义需要标准化的领域，并形成了开展术语标准化的具体方法；另一项是草拟了采用 DIN-Term 数据库来反映目前标准的交互式模型。

第二节　国内标准化原理

1931 年 12 月，我国正式成立了工业标准委员会，由国家度量衡局代管标准化工作。1946 年 9 月 24 日，中华民国政府颁布了《标准化法》；1947 年 3 月，全国度量衡局与工业标准委员会合并成立"中央标准局"。在中华人民共和国成立之前，还没有形成系统的标准化理论。在中华人民共和国成立后，尤其是改革开放以来，我国的标准化事业呈现出前所未有的大发展。2005 年，我国成立了标准化原理与方法标准化技术委员会（SAC/TC 286），围绕标准化理论、工作原则、方法和技术管理开展科学研究和标准制修订工作。李春田教授是其中最具代表性的人物，此外，麦绿波、王征、常婕、洪生伟等也是较有代表性的人物。

一、李春田的标准化原理

我国著名的标准化专家李春田教授从 1982 年开始主编并出版了《标准化概论》第一版，一直到 2014 年完成了第六版。在第一版时，李春田提出"简化""统一""协调""最优化"4 项标准化方法原理，并对每一项原理的含义、产生的客观基础、原理的应用以及 4 项原理之间的关系做了全面的论述。在《标准化概论》后来的修订版中，他又提出了

4项标准系统的管理原理，即系统效应原理、结构优化原理、有序发展原理和反馈控制原理。

（一）标准化方法原理

在《标准化概论》中，李春田通过将前人的观点加以研究和归纳，总结出了4项标准化的原理，并将每一原理的含义、产生的客观基础以及原理的应用等做了进一步的论述，其要点如下。

1. 简化原理

具有同种功能的标准化对象，当其多样性的发展规模超出了必要的范围时，即应消除其中多余的、可替换的和低功能的环节，保持其构成的精练、合理，使总体功能最佳。简化原理除了指出简化时应削减的对象（多余的、可替换的、低功能的环节）之外，主要指出简化时必须把握的两个界限：（1）简化的必要性界限。在事后简化的情况下，当"多样性的发展规模超出了必要的范围"时，就应该（或才允许）简化。所谓"必要的范围"是通过对象的发展规模（如品种、规格的数量）与客观实际的需要程度相比较而确定的。运用技术经济分析等方法可以使"范围"具体化和"界限"定量化。（2）简化的合理性界限。就是通过简化应达到"总体功能最佳"的目标。"总体"指的是简化对象的品种构成，"最佳"指的是从全局看效果最佳。它是衡量简化是否做到了既"精练"又"合理"的唯一标准。运用最优化的方法可以从几种接近的简化方案中选择"总体功能最佳"的方案。两个界限的划分，对于真正做到简化具有实践上的重大指导意义。

2. 统一原理

统一化是标准化的基本形式，人类的标准化活动是从统一化开始的。统一原理即一定时期、一定条件下，对标准化对象的形式、功能或其他技术特性所确立的一致性，应与被取代的事物功能等效。统一原理的基本思想是：（1）统一化的目的是确立一致性；（2）要恰当地把握统一的时机，经统一而确立的一致性仅适用于一定时期，随着时间的推移，还须确立新的更高水平的一致性；（3）统一的前提是等效，把同类对象归并统一后，被确定的"一致性"与被取代的事物之间必须具有功能上的等效性。也就是说，当从众多的标准化对象中选择一种而淘汰其余时，被选择的对象所具备的功能应包含被淘汰的对象所具备的必要功能。

3. 协调原理

任何一项标准都是标准系统中的一个功能单元，既受系统的约束，又影响系统功能的发挥。所以每制定或修订一项新标准都要进行协调。协调是标准化活动的重要方法。协调原理即在标准系统中，只有当各个标准之间的功能彼此协调时，才能实现整体系统的功能最佳。协调的作用体现在：一是在相关因素的连接点上建立一致性；二是使内部因素与外部约束条件相适应;三是为标准系统的稳定创造最佳条件,使系统发挥其最理想的功能。

按不同的分类方法,协调的方式可分为不同的类型,主要包括:

(1)按照协调的因素可以分为单因素协调与多因素协调。单因素协调多数是处理子系统内两个相关因素之间的关系。其目标是在相关因素的连接点上建立一致性。单因素协调是局部协调,但它又是整体协调的基础。没有局部的协调工作,就不可能实现整体的协调运行,但局部协调又不能脱离整体,它不仅受整体的制约,而且要从整体系统的总目标出发。这是单因素协调原则。多因素协调是建立标准系统过程中经常的、大量的协调方式。它的目标多数是使系统的内部因素的构成与外部约束条件相适应,为系统的稳定建立合理的秩序。由于系统内的因素较多,外部的约束条件也较多,因此,常常形成错综复杂的联系。

(2)按照协调的效果可以分为一般协调与最佳协调。对系统进行协调的目的,是要它完成特定功能,而且总希望它完成功能的效果最好。但是系统越复杂、协调的因素越多,越不易达到这样的目标。因此,在对系统进行协调时,除运用必要的计算工具进行定量外,有时也可以把人们长期从事标准化实践的经验判断吸收进来,灵活地解决问题。它虽然比不上数学方法那样严格、准确,但却可以简化复杂的运算过程。在标准化基础较差,最优化方法以及电子计算机的应用尚不普及的情况下,这也是常用的一种协调方式。这是一般协调。而最佳协调是在标准系统的目标确定之后,从若干种可行方案中,选择一种效果最佳的协调方案。这种最佳协调方案的产生,是把各相关因素之间的关系用严格的数学模型反映出来,并且进行定量比较。因此,最佳协调,除较简单的单因素协调外,往往都要借助于数学方法和电子计算机,是较为高级、较为复杂的协调方式。

(3)按照系统状态可以分为静态系统的协调与动态系统的协调。所谓静态系统的协调,指的是在对某些标准指标进行协调时,将它所处的系统视为静态系统,即不受时间因素的影响而发生变化。这样便于把该标准的指标与整体系统的各项约束条件之间的关系,一一简化为单因素的协调问题,使协调工作易于进行。系统只有稳定,才能发挥其功能。因此,协调的一个重要目标是解决系统的稳定化问题。但稳定只能是相对的,所谓动态系统的协调,就是人们如何对系统进行干预的问题。协调的目标大体是两种情形:当我们从总体出发,希望系统保持相对稳定时,就要对可能破坏系统平衡的因素适当加以控制或调整;当系统中的某些主要因素(对系统有较大影响的)的质变是不可避免的,原有的平衡必定要被突破,即应着手建立新的平衡,以推进整个系统向着更高的水平发展。这就是动态系统的协调。动态系统的协调,要运用动态控制的方法和工具。

综上所述,协调是标准化活动的一项基本任务,是标准化活动中经常的大量的工作。

一个先进的技术标准，应该是一个最佳协调的结果。一个好的产品、先进的工艺方法、合理的设计结构、最佳的参数和技术指标以及正确的管理方法等，都应该是系统内外经过最佳协调的产物。

4. 最优化原理

标准化的最终目的是要取得最佳效益。标准化活动的结果能否达到这个目标，取决于一系列工作的质量。在标准化活动中应始终贯穿着"最优"思想。但在标准化的初级阶段，制定标准时，往往凭借标准起草和审批人员的局部经验进行决策，常常不做方案比较，即使比较也很粗略。因而，被确定的标准方案常常不是最优的，尤其不易做到总体最优，这就影响到标准化效果的发挥。随着生产和科学技术的迅速发展，标准化活动涉及的系统也日益复杂和庞大，标准化方案的最优化问题更加突出、更为重要了。为了适应这种客观上的需要，提出了最优化原理：按照特定的目标，在一定的限制条件下，对标准系统的构成因素及其关系进行选择、设计或调整，使之达到最理想效果。

（二）标准系统的管理原理

李春田教授在《标准化概论》的第六版中提出了 4 项标准系统的管理原理，即系统效应原理、结构优化原理、有序原理和反馈控制原理。

1. 系统效应原理

标准系统并非若干个互不相干的标准的简单集合，而是一个互相联系的有机整体。标准系统与其要素（组成该系统的各个标准）的关系类似整体与局部的关系或总体与个体的关系。每一个具体的标准都有其特定的功能，也都可以在实施中产生特定的效应，这种效应称为个体效应或局部效应。由若干个具有内在联系的标准个体组成的标准系统，也有其特定的功能，也可在实施中产生特定的效应，这种效应称为总体效应或系统效应。系统效应需以个体效应为基础。关于个体效应与系统效应的关系，通过标准化实践可以得出这样的结论：标准系统的效应，不是直接地从每个标准本身而是从组成该系统的互相协同的标准集合中得到的，并且这个效应超过了标准个体效应的总和。这称作系统效应原理。

2. 结构优化原理

标准系统要素的阶层秩序、时间序列、数量比例及相关关系，依系统目标的要求合理组合，使之稳定，才能产生较好的系统效应。这就是结构优化原理。其含义如下：

（1）标准系统的结构不是自发形成的，是经过优化的结果，只有经过优化的系统结构，才能产生较好的系统效应，这是标准系统的一个特点。由此决定了标准系统的优化是对标准系统进行宏观控制的一项重要任务。

（2）标准系统的结构形式，总的来说是变幻无穷的，但最基本的有阶层秩序（层次级别的关系）、时间序列（标准的寿命时间方面的关系）、数量比例（具有不同功能的标准之间的构成比例)和各要素之间的关系(主要是相互适应、相互协调的关系),以及它们之间的合理组合。它要求我们按照结构与功能的关系,不断地调整和处理标准系统中的矛盾成分和落后环节,保持系统内部各组成部分有个基本合理的配套关系和适应比例,以提高标准系统的组织程度,使之发挥出更好的效应,这就是结构的优化。

(3)标准系统只有稳定才能发挥其功能,经过优化后的标准系统结构,应该能够保持相对稳定。所谓稳定,是指系统某种状态的持续出现,从而其功能可持续发挥。而要如此,一是要使各相关要素之间建立起稳定的联系(或相互协调的关系),二是提高结构的优化水平,并特别注意处理好与环境的协调关系。因此,标准系统结构的稳定程度既是结构优化的目的,也是衡量优化水平的依据。

3. 有序原理

系统的有序性是系统要素间有机联系的反映,努力提高系统的有序度是维持标准系统稳定性并充分发挥系统功能的关键。标准系统有序性的影响因素包括:

(1)标准系统的目标。标准系统是人造系统,人们之所以创造标准系统都是有目的的,又因为标准是量化的规定,所以这个目的通常要转换为量化的目标。对于标准体系来说,目标性是其显著性。目标指明了系统的方向。

(2)系统要素的构成。一般来说,为实现某一特定目标而建立的标准系统,不是越大越好,也不是要素越多越好,理想的状态是用最少的必要标准解决问题。

(3)要素之间的关联。只有经过整体协调的系统,其所有要素才能互相关联,才能把所有标准的目标和运动方向调整到有序状态。

建立标准系统的目的是要发挥更好的作用,有序性或无序性是反映(衡量)标准系统的组织程度或标准系统状态的参量。有序程度越高,系统功能越好;反之则越差。对标准系统进行管理的一项重要任务就是保持或提高其有序程度。标准系统只有及时淘汰其中落后的、低功能的和无用的要素,或补充对系统进化有激发力的新要素,才能使系统从较低有序状态向较高有序状态转化。这就是有序发展原理。

4. 反馈控制原理

标准系统演化、发展以及保持结构稳定性和环境适应性的内在机制是反馈控制;系统发展的状态取决于系统的适应性和对系统的控制能力。这就是反馈控制原理,它的含义如下:

(1)标准系统在建立和发展过程中,只有通过经常的反馈(指负反馈),不断地调整同外部环境的关系,提高系统的适应性,才能有效地发挥出系统效应,并使系统朝向有序程度较高的方向发展。

(2)标准系统同外部环境的适应性和有序性,都不可能自发实现,都需要由控制系统（标准化管理部门）实行强有力的反馈控制。标准化管理部门的信息管理系统是否灵敏、健全，利用信息进行控制的各种技术和行政措施是否有效，即管理系统的控制能力、管理水平如何，对标准系统的发展有重要影响。

（3）标准系统效应的发挥，依赖于标准系统结构的优化；标准系统的稳定是有序化的结果，所以它又依赖于标准系统的演化发展（在发展过程中实现稳定），而所有这一切都离不开反馈控制。由此不仅可以看出反馈控制原理的重要意义，还可看出标准系统的4个管理原理之间的联系，它们实际是一个整体，是一个不可分割的理论体系。

二、麦绿波的标准化原理

中国兵器工业标准化研究所麦绿波研究员集30年的标准化理论研究和实践，首次提出标准化的理性概念及数学模型、标准化的公理、标准化形式的理论谱系、标准化的定律、标准化熵、相似标准化、标准方程等基础理论，建立了通用化、系列化、模块化、组合化、型谱系列与族系、统型、协同互操作性、产品顶层设计、产品优化、标准化指标体系等理论和设计方法，以及标准化系统工程、项目的标准管理与控制、零部件管理、标准化应用状态评价、标准化效益评价等方法，创建了标准化科学的核心理论及理论体系，2017年出版《标准化学——标准化的科学理论》，2019年出版《标准学——标准的科学理论》，为标准化的科学化发展奠定了重要基础，对标准化理论的科学发展具有重要的里程碑作用。

1. 标准化的4个公理[①]

【公理1】标准化的统一化是容差性的。

容差性是将统一化的结果定位为相对的，也就是允许对象数量值的统一化有偏差程度的性质。容差性的统一化状态包括有偏差的统一化状态和无偏差的统一化状态。无偏差情况可看成偏差为零。在标准化的理性概念中，标准化的统一化是"按约定范畴实现统一化的状态"，"约定范畴"就是认可的偏离范围。这种偏离量或关系只要是在允许的范围内，有偏差的统一化状态就是符合公理认定的标准化概念的状态。

【公理2】标准化的统一化结果是概率性的。

"公理2"是允许对象群统一化结果或对象内元素统一化结果没有实现全数的性质，是对象实现统一化的可能性性质。"公理2"把群体对象非全数实现统一化接纳为标准化的状态。群体对象非全数实现标准化在现实中是常见的情况，事件统一化的实现与行为和条件相关，很难全数实现统一化。当需要进行标准化的对象数量或对象内元素数量不多时，对象实现标准化的统一化状态的数量有可能容易出现全部数量统一化的状态。对

① 麦绿波. 标准化学——标准化的科学理论 [M]. 北京：科学出版社，2017：134 - 137.

需要进行标准化的对象数量或对象内元素数量很大时，对象很难全数实现标准化的统一化状态，此时，对象实现统一化状态的数量是概率性的，不是一个不落、全部的统一化，且服从某种概率分布关系，如正态分布关系等。人们期望对象结果的统一化数量是全数的，但实际上很难做到，尤其是在对象的数量很大时。标准化统一化的程度，本质上是行为的精准度。人的行为不可能实现百分之百、精确无误的时间重复和空间异体等同，必然会有差异地操作和概率性地实现结果。

【公理3】标准化的统一化元素是泛元性的。

"公理3"是标准化的泛元性公理。泛元性是指对象元素域多元素分别统一的性质。"公理3"把对象多元素共同实现统一化接纳为标准化的情况，是对元素域多元素或多维度分别统一化的让步公理。对于统一化的概念，自然会认为是向一个元素集中为统一化，统两个元素就会认为是"统二化"等。向多个元素分别集中，习惯上似乎不被看成是统一化。在现实中，标准化对象的统一化只是单元素统一化的情况是很少的，而大部分情况是多元素的统一化。需要进行标准化的对象通常是由多元素表达的，并为多元素提供载体。对象的统一化，本质上是表达对象的诸元素的统一化。这种统一化是对象的各元素分别向各自的约定范畴进行集中的统一化。例如，茶杯虽然很简单，但其需要统一化的元素有杯子的颜色、杯盖、杯把手、杯体直径、壁厚、材料等。

【公理4】标准化的统一化对象是非量性的。

"公理4"是标准化的非量性公理。非量性是指标准化的统一化不由对象数量决定的性质。"公理4"把没有重复或极少重复以及没有共同一致或极少共同一致这种单数量或少数量标准化对象实现统一化目标接纳为标准化的状态，是标准化对象统一化数量的宽容公理。习惯上，人们把大量的标准化对象实现统一化承认为是标准化的，而对于少量对象尤其是单个对象的统一化不认为是标准化的。现实中，以对象统一化的数量多少来决定是否为标准化，是难以证明的。在ISO的标准化概念定义中，共同性和重复性事物似乎是数量关系，即使用ISO的标准化概念定义，也很难证明标准化与数量的关系。如果说制造一件产品不算标准化，重复制造一件（即2件），数量太少也不算，数量不断积累，到了1000件时，我们说这是标准化状态，但困难的是我们找不到标准化数量的起算界限数。

2. 标准化的7个核心原理

麦绿波认为，一切规律性的必然结果，一定有实现结果的原理相对应。标准化的核心原理有7个，即统一化原理、互换性原理、通用化原理、系列化原理、模块化（组合化）原理、互联互通原理、协同互操作性原理。统一化是标准化最基础和最根本的关系，是标准化学科中的普遍性关系，它是其他标准化规律的规律，应作为标准化的第一原理，也是顶层原理。互换性是配合对象容差统一化的功能形态，是标准化第一公理支持下的统一化关系，可实现非选择配合的规律，它是以功能概念表达的一种公差统一化形态，属标准化的核心原理之一。通用化是集中统一化形态，是标准化的一种形式，是一种扩大产品（含硬件和软件产品）使用范围和概念使用范围的规律，属标准化的核心原理之一。系列化是离散统一化形态，是标准化的一种形式，是数值系列和品种规格优化选取的规律，属标准化的核心原理之一。模块化（组合化）是分布式分立体的统一化形态，是标准化的一种形式，是复杂产品分解设计、制造的规律，是便于产品变型发展的规律，属标准化的核心原理之一。互联互通是基于互联的统一化和互通的统一化的一种功能形态，是用功能概念表达的一种标准化形态，是系统间有效传输和交换的重要功能，传输和交换的对象包括物理的、信息的和能量的，它是最早的标准化功能形态，如语言的交流等，属标准化的核心原理之一。协同互操性是以功能概念来表达系统或产品多维度、综合性统一化的形态，是集互换性、通用化、系列化、模块化（组合化）、互联互通、互操性作为一体的更高级的标准化形式，或者说是包含互换性、通用化、系列化、模块化（组合化）、互联互通、互操性等各种标准化形式的形式，属标准化的核心原理之一，能给系统或产品带来相互联系、相互利用、相互帮助、相互支持、联合工作等能力，是增强系统或产品整体能力和优势的标准化模式。

【统一化原理（第一原理）】约定对象需统一的目标元素，使所有对象的目标元素结果符合同一约定关系，将成为约定范畴的等价对象。

统一化原理是顶层的标准化原理，本身也是一种实施统一化的指导方法，应用这一命题可演绎出针对不同对象和不同统一化内容的具体方法。构建统一化原理不仅丰富了标准化的理论，还归纳出统一化形成的规律关系，对标准化的本质形式——统一化的推广和发展具有重要意义。

【互换性原理（第二定理）】使配合对象的实际偏差保持在偏离基准的规律范围内，它们将实现预定精度关系的非选择性配合。

互换性原理给出了互换性实现的普遍性规律。互换性是对象标称尺寸容差统一化形态的功能，是标准化公理包容下的统一化。互换性是对配合关系而言的，配合是两者间或多者间的关系，这种配合关系主要是"阴"与"阳"关系的配合，也可以是"上"与"下"关系的配合或"左"与"右"关系的配合。互换性原理的关键是配合对象建立了相对公共基准的偏差规律，而不是互为基准的偏差关系。如果没有互换性的原理，人们对配合关系还会应用以一个为基准选配另一个这种最朴素的思维方法来处理。没有互换性就不会有分工合作和分散加工的大批量生产关系。

【通用化原理（第三原理）】使一种对象拥有多种对象的使用要求因素，将有对多种对象广泛的适用性范围。

通用化原理命题给出了对象实现通用化的普遍性规律，是可实现和可验证的规律。通用化可以是几何关系、性能、功能、概念、服务、行为等的通用化。通用化的实现是第一公理支持下的容差通用，不可能有绝对精确性的通用。通用化的对象范围非常宽泛，主要对象有硬件产品、软件产品、技术、服务、语言、文字等。通用的硬件产品有通用零件、通用部件、通用组件、通用系统等，可以是各个专业的硬件产品，如机械产品、电子产品、光学产品、化工产品、综合产品等。通用的软件产品主要是计算机软件各层次的通用部分，如通用软件构件、通用操作系统、通用基础代码等。通用的技术主要有通用设计技术、通用工艺技术、通用试验技术等，技术的通用化往往能带动产品的通用化。通用的服务包括通用餐饮服务、通用酒店服务等。

【系列化原理（第四原理）】将对象参数的选择范围进行规律性的离散聚焦，可实现用少的离散数值，合理覆盖大的应用范围。

系列化的原理命题给出了系列化实现的普遍性规律。系列化是多点的统一化形式，是多数值的离散统一化，由泛元性公理所包容。以上原理命题中的"对象"，大多数情况是要设计制造的产品对象，也可以是非设计制造的使用对象，如没有确定长度的一系列待使用的绳子等。命题中的"参数"主要是指对象的主参数，也可以是辅参数，因为主参数的合理系列化有更大的意义，主参数通常是决定对象使用性能或主体结构关系的重要参数。在对象主参数合理系列化后，辅参数也合理系列化，效果会更优。系列化不同于统一化和通用化，它是针对对象的参数的，是数值关系的，而统一化和通用化可以是数值的和非数值的统一化和通用化。参数的选择范围通常就是数值的选择范围，可以是连续数，也可以是非连续数的范围，因而对象的参数选择范围是一个庞大的数值范围。系列化原理的价值作用在于，合理压缩和控制产品设计制造的品种、规格，合理压缩和控制使用物的品种、规格。

【模块化（组合化）原理（第五原理）】将系统按独立功能和结构关系分解成能并行设计和制造的功能分立体，且分立体集成的系统能复制和还原一体化系统的能力，系统将成为易变形、易扩展的分离式统一化系统。

模块化是几何形态功能体的分立统一化形态，由泛元性公理和容差性公理所包容。模块化的意义主要有：第一，分解系统的设计和制造工作，以实现并行设计和制造，提高工作效率；第二，降低系统设计、制造和集成的复杂程度；第三，便于系统的变形发展或功能扩展；第四，便于系统维修和降低维修成本。模块化系统的外部接口通常是通用的，适用于其他模块连接，以方便与其他系统一起配合使用或支持功能升级、增强或多功能用途，如数控机床的加工头可更换多种加工刀具，计算机内存条的接口可插接多种存储量的内存条等。

【互联互通原理（第六原理）】系统间建立统一化的传输链路、收发体制计制、传输对象规格、处理基础，可使系统间具备有效传输和交换的能力。

互联互通是由互联和互通两个概念组成，互联是互通的基础，为互通搭建传输链路，主要通过硬件来实现，互通主要是解决传输对象的有效传输和交换问题。互联互通原理是基于统一化且只有靠统一化才能实现的广泛性应用的通用性功能，因此互联互通原理是属于标准化的原理。互联互通原理是广义的，不只针对电子信息和数字信息的传输和交换，也适用于语言、文字、图形标志的传输和交换，还适用物理量、能量的传输和交换，如液体、电力、热力、天然气、自来水等的传输和交换。无论哪种内容的互联互通都是基于统一化实现的，都是要符合互联互通原理的，否则是难以连接和联通的，即使连接联通了也是巨大成本的、不可维护的和不可扩展的。互联互通功能是基于系统间的传输链路、收发体制计制、传输对象规格、处理基础的统一化而实现，互联互通是多维度综合统一化的标准化形态。互联互通既是标准化的一种最古老的形式，又是标准化的现代形式，是标准化的一个高级形式。古老的互联互通形式体现在语言和文字的交流上，现代的互联互通形式则体现在电子信息和数字信息的传输和交换上。

【协同互操性原理（第七原理）】在系统内和系统间建立物理相、信息相、能相统一的技术体制、结构、交换关系，将形成系统内和系统间一体化的相互协同、交换、共享、支持和联合工作的能力。

协同互操性是系统硬件、软件在物理、信息、能源多相、多维度统一化状态的功能。以上原理命题中的"系统内"是指本系统内部的，"系统间"是指跨系统的。"建立物理相、信息相、能相统一的技术体制、结构、交换关系等"，是说对系统中的结构组成、信息技术、能力供给和产生部分进行技术体制、通用化、系列化、模块化（组合化）、物理量交换、信息交换、能量交换等关系实施标准化的统一化，使产品基本单元、部件、组件、系统、体系同层次间协调统一，以及它们跨层次间协调统一。该原理是基于统一化且只有靠统一化才能实现的广泛性应用的通用性功能，因此属于标准化的原理。其意义在于，可使系统内和系统间松散、延时、低效的联合提升到紧密、准时、高效的联合水平，展现精确（产品工作性能精确）、高效（系统运行单位时间工作成果多、效率高）、低耗（消耗低、浪费少）、低险（工作安全风险、任务完成风险低）、增强的效果（系统运行能力高于设计能力），形成以优补劣，优优增强的局面。

在这7个原理中，统一化原理是标准化学科的第一原理，是标准化的顶层原理或根本原理。统一化是其他6个原理标准化形式的基础，其他6个原理的标准化形式都是统一化不同形式的反映。协同互操性中有互换性、通用化、系列化、模块化（组合化）、互联互通，是拥有其他标准化形式第二多的。互联互通是以接口互换性为前提的，通用化和模块化的大部分情况是以互换性为基础的，互换性具有第三多的其他标准化形式。通用化和系列化之间存在重叠区，系列化的参数系列值是归并集中的结果，具有通用的功效，因此系列化中有通用化关系。通用化有模块的通用化、系列的通用化，并需要有互换性的接口。模块化主要由具有互换性的通用化模块、系列化模块和专用模块组成，因此，模块化离不开通用化、系列化和互换性。

3. 标准化的 16 个基本定律

麦绿波认为，标准化作用的一大弱点在于其应用效果证明的长期性和模糊性，标准化定律的建立将克服标准化作用证明的弱点，提高对标准化作用的信任度。定律是标准化学科客观性最强的理论，有 7 个要素：一是有定律的"题名"；二是有定律的"命题内容"，描述定律命题内容的陈述句子是表达判断的句子；三是"命题内容"是具有标准化特征普遍定义的规律，不是事项的具体过程和个别事例的规律；四是"命题内容"反映的规律应有文字及数学模型或关系模型的表达关系；五是"命题"的规律在一定条件下是可复现的和必然发生的客观规律，不是主观愿望、目的和要求；六是"命题内容"是可即时检验的和单件证实的，并已证实为是真的和有效的；七是定律是可应用的，并已有应用和实际应用案例。对于定律和原理的关系，麦绿波提出了标准化的 16 个基本定律。

【第一定律】标准化的变换定律，即行为按同一约定控制，行为变换结果统一化。

定律中的"行为"是广义的行为，包括人的行为和自然的行为，所有的标准化都是直接行为或间接行为作用的结果，没有无行为关系的标准化。从标准化前的行为到标准化后的行为，可抽象为一种变换关系。定律命题给出了任何事项按"同一约定"关系控制，行为变换结果实现标准化的规律。标准化的变换定律是事项从非标准化状态变换到标准化状态的定律。人类社会的标准化不是自然形成状态，是人类社会活动约定的结果。凡是人类行为导致的标准化，必然是按约定变换的结果，无一例外。

【第二定律】标准化的统一定律，即行为向量的方向统一，总效果最大。

该定律适用于群体行为关系，定律命题中的"行为"是群体行为，是广义的行为，可以是各种适合的行为，如交通、生产、服务等行为。"行为向量"是指多维度的广义行为，有大小关系和方向关系。定律中的行为是作用同一对象或事件的行为或同一目的的行为。"方向"是行为的方向关系。"方向统一"是行为方向一致。"总效果"是行为的向量相加总和。"最大"是向量和结果的最大可能，可以是各种物理量关系、管理量关系、数值关系等，如最大作用力、最高效率、最快速率、最大数等。当行为向量的方向一致时，向量绝对值获得最大或模量最大，即行为所表达作用的总效果最大。

【第三定律】标准化的相通定律，即系统间信息的形式及其概念相同时，系统间信息相同。

在第三定律命题中，系统信息形式和概念相同是指在系统中对同一信息形式的表达统一，概念一样。信息相通是指系统对输入的信息可识别、处理、利用等。第三定律给出了系统间信息形式和概念的统一必能相通的规律，反之，系统间信息的形式和概念不统一，系统间绝不可能有信息相通和交流。定律命题中的"系统"是一个广义的范畴，这些系统可以是生物系统（人类等）、计算机系统、社会系统等，只要具有能收发、识别与存储信息形式和概念能力的系统均可。任何信息元都有其表达的形式和概念，即使小到一个字、一个数字等。定律中的信息形式包括语言、文字、声音、图形、标志、代码、符合、动作等。信息相通是指系统输出知道输出的信息概念的意思，系统输入能识别输入的信息概念，可以是有交流的相通，也可以是无交流的相通。信息相通的前提是信息形式和概念在相关交流或交换范围内是统一化的。

【第四定律】标准化的时域（时间域）同态定律，即在相同的条件下的不同时间用相同的约定行为进行约束，行为结果是时间相同的。

条件相同，约定相同，对行为进行约束时，任何时刻的行为结果与初始的行为标准化状态结果是一样的。定律命题中的"约定"是指标准、文件、法规、协议等。"时间"的范围，是保证行为结果不会变化的期间范围，太长的时间是难以保证状态不变的。第四定律的现象在企业里非常常见，如工厂里的工人常年生产相同的零件，企业2年里、5年里或10年里生产同一种产品，这些都是对象的时间标准化同态现象。

【第五定律】标准化的空域（空间域）同态定律，即在相同的条件下的不同空间用相同的约定对行为进行约束，行为结果是空间相同的。

定律命题中的"约定"同第四定律中的解释。命题中的"空域"，是保证行为结果不会变化的范围，通常可以是很大的范围，可以是一个单位、乡镇、城市、省、国家、全球等。定律命题的空间是指实际的空间，不是虚拟空间。"行为结果"是目标结果，可以是直接的行为结果，也可以是间接的行为结果。第五定律的现象在跨国公司里普遍存在，即在不同地点生产相同产品，如某些产品的相同零件和部件分散到印度、新加坡、中国等地生产，某些产品分散到美洲、欧洲、亚洲组装，这些都是对象的空间标准化同态现象。该定律说明标准化对约束对象的空间复制规律。

【第六定律】标准化的时空域（时间空间域）同态定律，即在相同条件下的不同空间和时间域用相同的约定对行为进行约束，行为结果是空间和时间相同的。

标准化行为状态可在任意位置和时刻复现，表面标准化行为形态在空域和时域的复现或复制规律。第六定律的现象是企业产品生产普遍存在的，该规律的应用体现在同样的产品分布在不同地方长期不断生产的情况，即实现不同地方不同时间可生产出相同的产品。

【第七定律】标准化的空间惯性定律，即标准化状态的稳定性与标准化的规模成正比。

标准化对象的规模越大，标准化状态的稳定性越好，或者说标准化状态保持不变的持续时间越长。反之，标准化对象的规模越小，标准化状态的稳定性就越差，或者说标准化状态保持不变的持续时间越短。标准化稳定态具有对周围同类事项产生空间和时间的影响和同化能力，导致所形成的标准化在规模上自成长和自扩大。规模越大其标准化状态对周围的影响和同化能力越强，且自成长和自扩大的速度也越快。标准化的类型包括产品、生活方式、工作方法、技术方法、管理方法、规则活动、语言、文字、饮食等。

【第八定律】标准化的时间惯性定律，即标准化状态的稳定性与标准化形成的时间周期成正比。

标准化形成的时间周期越长，标准化状态的稳定性越好，或者说标准化状态保持的持续时间越长。长时间周期同态体对异态体有很强的征服力和同化力，使异态体难以巩固其原来的稳定地位。这一规律是时间周期倍率台阶函数。

【第九定律】标准化的时空惯性定律，即标准化状态的时间和空间稳定性与标准化形成的时间周期和规模成正比。

标准化状态稳定性的根本保持能力是标准化综合优势的显著性，规模和时间周期对标准化状态稳定性的贡献是保持原状态的惯性，即对状态变化的拖延性。当新的事项状态比原有的标准化状态有明显的超出优势时，它就能有取代原标准化状态成为新标准化状态的机会。这种取代的过程长短取决于原标准化状态的规模大小和原标准化状态保持时间周期的长短。标准化状态规模大或时间周期长的，所需的取代过程较长，反之，过程较短。

【第十定律】标准化的复杂性效益定律，即系统标准化效益与系统关联复杂度成正比。

第十定律表明，系统的复杂度越高，获得的系统效益越大。这个规律是系统标准化后，系统复杂度放大效益的规律。标准化具有对系统的复杂性转化为效益的特点。系统的复杂性主要反映在系统各组成部分的连接关系上。系统的效益是基于标准化实现连接路径的有效连接，包括信息、机械、光电、电气、化工连接等，因此该规律适用于各种技术专业的系统。

【第十一定律】动配合互换性定律，即配合对象的阴件下偏差与阳件上偏差之差大于零，以阴件和阳件的公差带之和决定精度，阴件与阳件实现期望精度非选择活动配合。

动配合互换性定律支持实现配合的阳件和阴件间的运动是无夹紧力制约的和有间隙的运动的。"阴件下偏差与阳件上偏差之差大于零"，是让阴件与阳件的配合留有运动必需的间隙，保证它们的配合是可活动的，差值大小决定配合件活动的程度。阴件的公差带与阳件公差带之和决定了配合的精度，公差带越大，精度越低。这一定律的根本规律是配合件间要有间隙，间隙要有一个变动范围，间隙的变动范围决定了配合的精度。

【第十二定律】定位配合互换性定律，即配合对象的阴件上偏差与阳件下偏差之差大于等于零，阴件下偏差与阳件上偏差之差小于等于零，以阴件和阳件的公差带之和决定精度，阴件与阳件实现期望精度的非选择定位配合。

定位配合互换性定律支持阳件和阴件间的配合在间隙配合情况和过盈配合情况之间的关系。定位配合的阴件公差带和阳件公差带有重叠区。"配合对象的阴件上偏差与阳件下偏差之差大于等于零，阴件下偏差与阳件上偏差之差小于等于零"两种情况的并存保证它们的配合在间隙和过盈之间，两者差值的大小决定了配合件间隙和过盈反差的大小，差值越大，非选择配合结果的冲突越大。定位配合通常期望配合结果集中在间隙和过盈之间，不要往任何一端移得太远。

【第十三定律】紧配合互换性定律，即配合对象的阳件下偏差与阴件上偏差之差大于零，以阴件和阳件的公差带之和决定精度，阴件与阳件实现期望精度的非选择紧配合。

紧配合互换性定律支持阳件和阴件间配合处于夹紧状态的关系。紧配合的互换性就是实现紧固配合的互换性。"阳件下偏差与阴件上偏差之差大于零"，是让阳件的配合尺寸大于阴件的配合尺寸，形成过盈关系，保证它们的配合是紧固的。它们差值的大小决定配合件间紧固的程度，差值越大，紧固程度越大。偏差确定后阴件和阳件的公差带之和决定配合的精度，公差带越大，精度越低，反之精度越高。

【第十四定律】功能互换性定律，即对象功能相关的材料性能、形状和驱动的偏差在允许范围内，可实现非选择交互。

功能互换性命题定律的规律是，对象材料性能、形状（尺寸）和驱动偏差引起的功能变化小于等于功能允许的偏差时，对象间是功能互换性的。该定律的价值在于给出了保持功能互换性的核心关系，即材料性能、形状（尺寸）和驱动改变与功能允许变化平衡规律的数学模型。功能互换性是基于允许功能有偏差量而成立的，允许的偏差量大小决定互换性建立的难易程度。

【第十五定律】模式互换性定律，即输入输出系统在相同的输入作用下，系统的输出性能偏差、反馈偏差和相容性在允许范围内，可实现非选择互换。

模式互换性定律是涉及系统的作用条件、使用要素、影响因素、允许条件、互换内容等要素建立的规律。模式互换性成立的要素为：相同输入时，输出偏差和反馈偏差在容许范围内，系统间输出等价、反馈等价。模式互换性是输入输出系统在相同输入条件下，输出功能、性能、反馈干扰在容差条件下的非选择等价性。对象间互换性是否实现，在于输入波动、输出波动和反馈波动对对象功能和性能的影响是否超出容许的偏差范围。

【第十六定律】行为互换性定律，即对象的形式、行为意识、程序、表现、操作结果偏差在允许范围内，可实现非选择行为互换。

定律中行为形式是无意识影响的内容；行为意识、程序、表现、操作结果偏差都包含着意识的影响因素，意识有偏差，必导致相关行为的偏差，即使意识无偏差或极小偏差，行为可能也会有偏差（由于行为训练不够）。行为互换性的行为控制要素取决于行为互换性的类型。

（三）白殿一等人的标准化原理

白殿一等人在《标准化基础》一书中提出了标准化的有序化原理。有序化原理包括确立技术规则、应用技术规则和建立最佳秩序等方面内容。原理是揭示基本规律的，它的本质规律性决定了在某一学科或领域中不存在众多的原理。在原理基础上，可以推演、总结出具体的原则、规则和方法等。人类从事标准化活动是为了促进共同效益这一根本目的。标准化原理就是要揭示人类发挥标准化作用，获得共同效益的普遍的基本规律。有序化是标准化活动巨大效益产生的根本原理。标准化的有序化原理可以表述为：标准化活动确立并应用了公认的技术规则，建立了人类活动的最佳技术秩序，包括概念秩序、行为秩序、结果秩序，达到了人类行为及行为结果的有序化，从而促进了人类的共同效益。他们按照对原理的界定进行考察，认为目前诸如桑德斯的7原理、松浦四郎的19原理、中国标准化工作者提出的4原理等，这些原理还没有考虑到基本规律，绝大多数术语方法层面的原则或规则涉及了标准化概念、标准制定程序、标准起草、效果评价等多方面。

四、国内其他学者的标准化原理

（一）陈文祥的标准化原理

陈文祥在20世纪80年代为西安交通大学编写了《标准化原理与方法》教材。他在教材中从重复利用效应、经验积累规律与熵增加原理相结合的角度论述了简化原理是标准化的基本原理，同时提出标准化管理中应实施优化原则（包括功能结构优化和参数系列优化）、动态原则、超前原则、系统原则、反馈原则，以及宏观控制和微观自由结合原则。

（二）王征的标准化原理

中国标准化综合所研究员王征在其1981年出版的《标准化基础概论》中提出了5个标准化基本原理，即统一原理、简化原理、互换性原理、协调原理、阶梯原理。

1. 统一原理

标准化的统一原理是标准化原理的核心和本质，其他原理都是统一原理的具体形式，而"统一"是科学合理地统一，也就是一定范围、一定程度、一定级别、一定水平、一定时间和一定的多数的统一。

2. 简化原理

标准化的简化原理是指化繁为简，去劣选优，以少胜多，合理发展。以品种规格为例，随着技术的进步和生产的发展，品种规格日趋复杂化和混乱化，影响了生产技术的发展，亟须通过标准化去掉多余的品种、规格和型号，用较少的品种规格满足较广泛的需要。

3. 互换性原理

标准化互换性原理的实质是使零部件的尺寸、形状、性能、作用相同，彼此可以互相替代，运用该原理可以大批量生产具有互换性的零部件，为产品的生产、装配、维修带来极大的便利。

4. 协调原理

标准化的协调原理是针对各部门之间、各专业之间、各企业之间、企业内各生产环节之间的关系来说的，其实质是将各专业间、部门间、企业间、各环节间的技术联系和技术特性关系，用标准统一起来，实现各方面的科学的、合理的连接、配合和协调。

5. 阶梯原理

标准化的阶梯原理是指标准化的发展动态原理。标准化发展的动态过程中，其发展呈阶梯状，即标准的制定—相对稳定—修订（提高）—相对稳定—修订（提高）。每一次修订都是提高到新的水平，呈现阶梯式上升的特征。

（三）常捷的标准化原理

中国人民大学常捷教授在1987年出版的《工业企业标准化》中提出了标准化的8字原理，即统一、简化、协调、选优。

1. 统一原理

统一是指对具体有等效功能的标准化对象（物质的、文字的），或其技术要素（如尺寸、参数）进行合并归并，使之达到通用互换或成为共同遵循的依据。统一的确定包括功能的统一和结构的统一两个层次。功能统一是对事物功能认识和表述的统一，而结构统一是同一功能事物采取一致的结构。

2. 简化原理

简化是指保证在一定时期内适应需要的前提下，合理减少品种、型号、规格，并使之形成系列。简化需要对对象功能进行分析，通过功能简化与结构简化，从许多可取项目中，合理选择最佳的数量。选出的项目在一定时间内，使其相对固定，以便重复利用。

３．协调原理

协调是指在一定时间和空间内，使标准化对象内外相关因素到达平衡和相对稳定的原理。由于一个系统中事物的联系以及与系统外的联系主要是功能之间的联系和结构间的联系，因此事物之间和事物内部间的协调分为功能协调和结构协调。功能协调是在系统目标一致的条件下，事物之间相关功能的功能参数协调。结构协调是在功能协调的基础上，实现构成互相连接配合的结构参数协调。

４．选优原理

选优是指根据标准化目的，评价和求解标准目标的最优解答。选择最优化的步骤包括明确约束条件、设立可行方案、确定评价准则和进行评价。

在常捷的八字标准化原理中，他认为：统一是目的，协调是基础，简化、选优是统一、协调的原则和依据。8 字原理互相联系、密不可分。

（四）洪生伟的标准化原理

中国计量大学洪生伟教授在 2003 年出版的《标准化管理》中总结概括了标准化活动的 8 项基本原则，即超前预防原则、系统优化原则、协商一致原则、统一有度原则、动变有序原则、互换兼容原则、阶梯发展原则、滞阻即废原则。

１．超前预防原则

标准化的对象不仅要在依存标准化课题的实际问题中选取，而且更应从其潜在问题中选取，以避免该对象非标准化发展后造成的损失。随着现代科学技术的高速发展，对潜在的问题实行超前标准化，就会有效预防其多样化和复杂化。

２．系统优化原则

标准化对象应优先考虑其所依存主体系统能获得最佳效益的问题。首先，标准化对象应在能获取效益的问题中确定，没有标准化效益的问题不必去实行标准化。其次，在能获取标准化效益的问题中，首先应考虑能获取最大效益的问题。最后，在考虑标准化效益时，不仅要考虑对象自身的局部标准化效益，更应考虑对象所依存主体系统即全局的最佳效益。

３．协商一致原则

标准化的成果应建立在相关各方协商一致的基础上。标准化活动的成果（即标准）要获得大家的公认并接受，进而去执行，就必须让与标准相关的各个方面充分协商一致，取得共识。这样既可以使标准制定得科学合理，具有广泛的基础，又可以为标准顺利、有效地实施创造了前提条件。

４．统一有度原则

在一定范围内、一定时期和一定条件下，对标准化对象的特性和特征做出统一规定，以实现标准化的目的。首先，等效是统一的前提条件，只有统一后的标准与被统一的对象具有功能上的等效性，才能替代。其次，统一要先进、科学、合理，也就是要有度。

5. 动变有序原则

标准应依据其所处环境条件的变化而按规定的程序适时修订，以保证标准的先进性和适用性。标准在一定时期内反映其依存主体的技术或管理水平。随着时间的变化，标准使用的环境条件必然发生变化，因此必须适时修订标准。

6. 互换兼容原则

标准应尽可能使不同的产品、服务或过程实现互换和兼容，以扩大标准化效益。互换性是指一种产品、服务或过程能代替另一产品、服务或过程，具有满足同样需求的能力，一般包括功能互换性和尺寸互换性。兼容性是指不同产品、服务或过程在规定条件下一起使用，能满足有关要求而不会引起不可接受的干扰的适宜性。

7. 阶梯发展原则

标准化活动过程是阶梯状的上升发展过程。标准化过程即从标准的制定—实施（相对稳定一个时期）—修订（提高）—再实施（相对稳定）—再修订（提高）这一过程是阶梯状的发展过程，反映了标准化必须伴随其依存主体的技术或管理水平的提高而提高。至于阶梯的幅度即标准的实施时间，一般应看依存主体的技术或经济发展要求及标准的层级等具体情况而定。

8. 滞阻即废原则

当标准制约或阻碍其（标准化对象）依存主体的发展时，应立即废止。任何标准都有二重性，它既可促进标准化对象依存主体的顺利发展而获取标准化效益，也可制约或阻碍其依存主体的发展，而带来负效应。因此要对标准定期或不定期复审，确认其是否适用，如不适用，则应根据其制约或阻碍依存主体的程度、范围进行更改、修订或废止。

（五）朗志正的标准化原理

郎志正在其主编的《标准化工程学》中提出标准化的5项指导原则，即效益原则、系统原则、动态原则、优化原则和协商原则。

六、其他学者的标准化原理

张锡纯主编的《标准化系统工程》介绍并运用了很多系统科学的基础知识，提出了标准化活动中的4项基本工作原理，即有序化原理、统一协调原理、系统优化原理和反馈控制原理。该书是响应我国著名科学家钱学森在北京系统工程学术讨论会上提出建立标准化系统工程的号召而大胆探索的一种尝试。

1. 相似设计原理

我国的标准化工作者在总结机械工业标准实践经验的基础上，于1974年提出了"相似设计原理"和"组合化原理"。

当产品的主参数同其他基本参数之间以及工况参数同几何尺寸参数之间具有一定的联系，这种联系如果能构成某种函数关系时，便可用公式表达：

$$N=K \times e \times L \qquad\qquad (3-1)$$

式3-1中，N为工况参数，L为几何尺寸参数，K、e为常数。

这个关系式称为产品的参数方程式或产品参数的相似方程式。利用这种关系进行的设计就称之为相似设计。在利用这种关系进行产品设计时，可以从主参数系列推导出其他参数系列，而各种参数的系列化，又为形成产品及其组成单元的系列化提供了必要条件。有了这种关系，只需要研制一种或少数几种"模型产品"，就可按相似原理设计出系列产品。

2. 组合化原理

该原理阐明了以下重要观点：

（1）运用组合化的方法，把标准化的元件组装成各种用途的产品，这是机械工业产品标准化的重要目标。

（2）组合化要求零部件、构件的高度标准化、通用化。

（3）组合化是产品标准化的高级阶段。

（4）组合化并不局限于单纯机械零件的组合，进一步发展的组合形式是用标准化的零部件和具有独立功能的复杂元件的组合。这种零部件和复杂元件具有标准的结构，独立的参数系列、质量标准，以及保证互换、方便组装的安装连接尺寸。它们以独立制品的形式同其他对象组合，以组装成各种用途的产品。

3. 稳定过渡原理

标准化系统中各组成要素间的最佳平衡，要保持一段时间的相对稳定性，然后才能（而且必须）过渡到新的最佳平衡，这就是稳定过渡原理。

平衡都是有条件的，当约束条件发生变化时，平衡即遭破坏。但标准化系统中各组成要素间的最佳平衡，都必须保持一段时间的相对稳定性，才能使标准化获得经济效果。最佳平衡是从属于一定条件的，但条件变化后，最佳平衡不一定会立即改变。因为这个最佳平衡是以全局利益为前提的。只有当条件的变化累积发展到一定程度，且从全局利益评估的最佳平衡破坏，这时才能（而且必须）向新的最佳平衡过渡。

根据稳定过渡原理，标准必须妥善解决稳定和发展的矛盾，或者说继承性与先进性的矛盾。没有先进性，不能体现科学技术的进步和生产力的发展，标准就失去了价值，而没有继承性，标准也就失去了现实意义。

叶柏林长期研究标准化经济效果问题，1984 年发表了《标准化经济效果基础》。刘双桂等撰写的著作《企业成功的秘密：标准转型与标准运作》是 21 世纪之后我国少有的经济学界专家论述 ICT（信息与通信技术）产业标准化的著作之一。著作共分为 4 个部分：理论篇、运作篇、案例篇、管制篇。作者从经济学的角度探讨了标准化科学的基本原理、标准与节约、标准与产业分工、标准与产权、接口标准的性质等，认为"标准化学"应该是一门"关于协调的专门科学，标准化学的发展会促进每一个领域协调成本的降低"。"标准化学"是分工的产物。作者借用杨小凯的《专业化与经济组织》中"粮食的寓言"，详细阐述了链式产品、系统产品和复杂分工网络，企业内部的分工和企业外部的分工，以及标准在产业过程中起到的协调作用。作者把协调分为 3 类：标准化协调、个性化协调、半标准化协调。团队分工常常需要架构师（协调人）总体负责，普通企业或定制市场的分工只需要经理人的协调。而市场分工则"按照规定的标准或技术法规生产，完全不需要协调人"。标准的开放和传播程度、知识的开放和传播构成产业的进入门槛，标准化程度影响专业化程度，也决定了分工的协调成本的高低。作者还特别指出接口标准在工业过程中的重要性。他认为，接口标准在技术密集型产业中可促进互补的产品和服务的建立，大大降低协调成本，以及帮助市场占有者巩固其技术平台的垄断地位。作者还详细论述了企业的标准化策略和专利策略、标准的产生与标准战略，列举了 ICT 产业中的很多案例，说明标准的竞争和权力分配，还阐述了全球标准范式转型、国家标准调整和知识产权制度选择，以及中国高科技产业崛起过程中的标准竞争和制度竞争等。该著作是经济学界对标准化的跨学科研究成果，是经济学界对标准化学科建设的重要贡献。

◆◆◆ **思考题**

1. 简述系统效应原理、结构优化原理、有序原理、反馈控制原理。
2. 结合国内外学者的标准化原理，阐述你对标准化原理本质的认识。

本章参考文献

常捷.标准化原理与方法 [M].北京:中央广播电视大学出版社,1987.

陈渭.标准化基础教程——标准化理论与实践 [M].北京:中国计量出版社,2008.

Henk J.de Vries.标准化——多学科领域研究 [J].中国标准化,2011(9):36–41.

洪生伟.标准化管理 [M].北京:中国计量出版社,2003.

郎志正.标准化工程学 [M].北京:中国标准出版社,1991.

李青田.标准化概论 [M].北京:中国人民大学出版社,1982.

李青田.标准化概论 [M].6 版.北京:中国人民大学出版社,2014.

刘双桂,陈建明,王俊秀.企业成功的秘密:标准转型与标准运作 [M].北京:中国标准出版社,2005.

麦绿波.标准化学——标准化的科学理论 [M].北京:科学出版社,2017.

桑德斯.标准化的目的与原理 [M].北京:科学技术文献出版社,1974.

松浦四郎.工业标准化原理 [M].北京:技术标准出版社,1981.

王平.国内外标准化理论研究及对比分析报告 [J].中国标准化,2012(5):39–50.

王征.标准化基础概论 [M].北京:技术标准出版社,1981.

魏尔曼.标准化是一门新兴学科 [M].北京:科学技术文献出版社,1980.

杨小凯,黄有光.专业化与经济组织 [M].张玉纲,译.北京:经济科学出版社,1999.

叶柏林.标准化经济效果基础 [M].北京:中国标准出版社,1984.

张锡纯.标准化系统工程 [M].北京:北京航空航天大学出版社,1992.

第四章　标准化的基本原理

【本章导读】

标准化基本原理是标准化基本规律和本质的理论概括，对标准化工作起到指导作用。陈文祥在《标准化原理与方法中》中论述了简化原理是标准化的基本原理，同时应依据实际情况实施优化、动态、超前、系统、反馈和宏观微观调控相结合的原理。王征的 5 项原理是统一、简化、互换性、协调、阶梯原理。李春田在《标准化概论》中提出了简化、统一、协调、最优 4 项标准化基本原理，与常捷的 8 字原理一致。本章系统地介绍了标准化基本原理的研究基础，详细阐述了标准化的简化、统一、协调、最优原理，并说明了四大基本原理之间的关系。

【学习目标】

1. 掌握标准化的统一原理、简化原理、协调原理、最优化原理。
2. 熟悉标准化四大原理之间的关系。

第一节　标准化基本原理的研究基础

标准化基本原理是标准化基本规律和本质的理论概括，能指导标准化实践，并在标准化实践的检验中不断完善。1952 年，国际标准化组织设立了标准化原理研究常设委员会，主要在标准化原理、方法和技术方面进行研究，指导国际标准化组织的标准化活动取得最佳效果。1958 年，日本设立了标准化原理委员会，主要开展标准实施状况的调查、标准化经济效果的计算方法和标准化术语的研究。世界上的专家学者对标准化原理进行了许多研究，推动了标准化研究的进步。

从标准化的定义可知标准化是对重复性事物和概念做出的规定，并将其贯彻实施的过程。由此可见，这些重复性事物和概念是标准的依存主体，标准化则围绕着这些依存主体（标准化对象）来开展活动，脱离这些依存主体，标准化就变成无的放矢，无所适存了。然而，标准化对象都是存在于一定的系统之中，它同系统内各组成要素之间以及系统外某些相关要素之间存在着相互联系、相互影响、相互制约的关系。

标准化的基本原理指对标准化规律性的认识。标准化的基本原理是客观存在的，它的存在不以人们的意志为转移，它的依据来源于标准化实践。标准化的基本原理是由标准化的内容决定的，是标准化内容存在的方式，也是标准化过程的表现形态。标准化的基本原理具有相对的独立性和自身的继承性。每种基本形式都表现了不同的标准化内容，针对不同的标准化任务，达到不同的目的。标准化基本原理的形式随着标准化内容的发展而变化。标准化过程就是标准化内容和形式的辩证统一过程。本章着重对目前主流的标准化基本原理"统一、简化、协调、最优化"进行了详细的介绍。

第二节　统一原理

从根本上来说，标准化就是要运用一定的手段，通过一系列活动，使标准化对象达到某种程度的统一状态（或者说有序状态、均衡状态、一致状态），没有统一，就没有标准化。所以说，标准化的实质就是统一。标准化对象的统一既是绝对的，又是相对的，是绝对和相对的"对立统一"。

一、定义

统一化是指将两种以上同类事物的表现形态归并为一种或限定在一定范围内的标准化形式。

二、原理解释

统一化是标准化的基本原理，人类的标准化活动是从统一化开始的。统一化是古老的标准化形式。古代人统一度量衡、统一文字、统一货币、统一兵器等都是统一化的典型事例。最初的统一化涉及的范围以及统一的程度都很有限，所以易于掌握合理的尺度。现代社会中被统一的对象有无数种，相互关系错综复杂，统一化的结果涉及面广，影响深远，所以必须谨慎行事。从统一化成功和失败的经验教训中概括出统一原理：一定时期，一定条件下，对标准化对象的形式、功能或其他技术特性所确立的一致性，应与被取代的事物功能等效。它的基本思想是:(1)统一化的目的是确立一致性;(2)要恰当地把握统一的时机,经统一而确立的一致性仅适用于一定时期,随着时间的推移,还须确立新的更高水平的一致性;(3)统一的前提是等效,把同类对象归并统一后,被确定的"一致性"与被取代的事物之间必须具有功能上的等效性。

统一化着眼于取得一致性,从个性中提炼共性。统一化的实质是使对象的形式、功能(效用)或其他技术特征具有一致性,并把这种一致性通过标准确定下来。统一化的目的是消除由于不必要的多样化而造成的混乱,为人类的正常活动建立共同遵循的秩序。由于社会生产的日益发展,各生产环节和生产过程之间联系的日益复杂,特别是在国际交往日益扩大的情况下,需要统一的对象越来越多,因此,统一化工作更显重要。

(一)统一的方式

根据被统一对象的特点和统一的目标不同,统一的方式大致分为3种。

1. 选择统一

选择统一是指在需要统一的对象中选择并确定一个,以此来统一其余的对象的方式。它适合于那些相互独立、相互排斥的被统一对象,如交通规则、方向标准等。

2. 融合统一

融合统一是指在被统一对象中博采众长、取长补短,融合成一种新的更好的形式,以代替原来的不同形式的方式。一般来说,这种方式适合于融合统一的对象都具有互补性,如结构性产品,像手表、闹钟等统一结构形式,就是采用融合统一的方法。

3. 创新统一

创新统一是指用完全不同于被统一对象的崭新的形式来统一的方式。适宜采用创新统一的对象,一般来说有两种:一是在发展过程中产生质的飞跃的结果,如以集成电路统一晶体管电路。二是由于某种原因无法使用其他统一方式的情况,如用国际计量单位来统一各国的计量单位,用欧元来统一欧洲各国的货币等。

(二)统一的类型

1. 绝对统一

绝对统一指在一定的时间和空间范围内,对标准化对象所做的统一是绝对的、不容改变、不容违反、不容破坏,否则,就没有什么标准化了。它不允许有任何灵活性,如各种编码、代号、标志、名词、计量单位的统一。

2. 相对统一

相对统一指标准化的统一是有条件的统一,是在一定的质和量上的统一,它是有时间和空间限制的。它的出发点或总趋势是统一,但统一中还有一定的灵活性,根据情况区别对待。例如,产品质量标准是对质量要求的统一化,但具体指标(包括分级规定、公差范围等）却具有一定的灵活性。

（三）统一化的原则

1. 同质性

实施统一化的对象必须具有相同的质或相同的内容，只是在量的方面或表现形式方面存在着某些差异。不同质或不同内容的事物是不能统一的。例如，同一事物有不同的名称，可以用一个名称把它统一起来，但不能把彼此不同质的刀具和塑料统一起来。

2. 等效性

对标准化对象实施统一化后，被确定的对象与原先被统一的对象之间，在功能上必须等效。如果不等效，则被确定的对象不能成为原对象的统一物。"等效"不是"同效"。所谓"等效"是指被确定的对象的功能包含了原先被统一对象的功能，因此前者完全可以取代后者，而且前者的功能在统一化的过程中往往得到优化，所以经统一化后确定的对象的功能常常优于被统一对象的功能。

如图 4-1 所示，统一化后所确定的 K 应与原有的 A、B、C、D、E 等效。也就是说，原有的 A、B、C、D、E 若分别满足一定范围的需要，则 K 也应满足同样范围的需要。为此，K 常常是对原有的各种类型的综合，或者是在某一种较好类型基础上加以改进。一般地，在下级标准基础上制定上级标准时，常采用这两种方式，但不论采用哪一种方式，都必须做到等效代替。

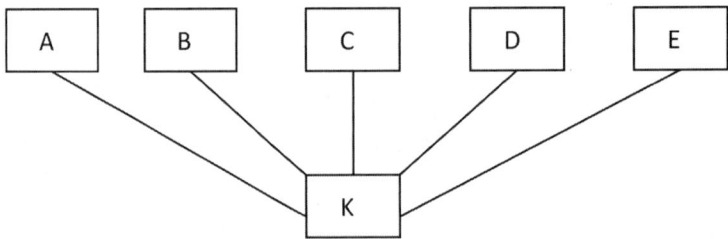

图 4-1 等效性模型

3. 适时性

统一化是事物发展到一定规模、一定水平时，人为地进行干预的一种标准化形式。干预的时机是否恰当，对事物未来的发展有很大影响，把握好统一的时机，是搞好统一化的关键。所谓"适时"是指统一的时机要选准，既不能过早，也不能过迟。过迟，会使低劣产品重复生产过多，造成浪费。

4. 适度性

统一要适度，这是统一化的另一条原则。所谓"度"，就是在一定质的规定中所具有的一定量的值，度就是量的数量界限。对客观事物进行的统一化，既要有定性的要求（质的规定），又要有定量的要求。所谓适度，就是要合理地确定统一化的范围和指标水平。例如，在对产品进行统一化（制定产品标准）时，不仅要对哪些方面必须统一，哪些方面不做统一，哪些要在全国范围统一，哪些只在局部进行统一，哪些统一要严格，哪些统一要灵活等做出明确的规定，而且还必须恰当地规定每项要求的数量界限。在对标准化对象的某一特性做定量规定时，对可以灵活规定的技术特性指标，还要掌握好指标的灵活度。

所谓指标的灵活度也就是指标允许值的灵活幅度。统一化的本质是取得一致性，但由于统一化对象的复杂性和客观要求的多样性，所以对某些对象的统一化只能实现相对的统一，也就是有灵活度的统一。这就是总的方向是统一，但统一中又有灵活。尤其以产品质量、工作质量为对象的统一化常需施以灵活度。

5. 先进性

等效原则只是对统一化提出了起码要求，因为只有等效才有统一可谈。统一化后必须保持必要的功能，否则便失去了统一的意义。但统一化的目标绝非仅仅为了实现等效替换，而是要使建立起来的统一性具有比被淘汰的对象更高的功能，在生产和使用过程中取得更大的效益。为此还须贯彻先进性原则。所谓先进性，就是指确定的一致性（或所做的统一规定）应有利于促进生产发展和技术进步，有利于社会需求得到更好的满足。就产品标准来说，就是要能促进质量提高。既不能搞现状的描述，更不能迁就落后，甚至保护落后。统一化过程实质上是打破旧平衡、树立新平衡的过程。这是统一化的灵魂，也是统一成败的关键。

因此，对于绝对统一的对象，在统一化过程中，如何使统一化的结果保持其先进性，常常取决于多种因素。例如，交通指示信号灯颜色的统一化，不仅与生理学、心理学、物理学等方面的研究成果有直接关系，而且与人们以往的生活习惯及已经形成的制度等因素相关。这类对象的统一，有的比较简单，有的相当困难，特别是改变已经形成的习惯更为困难。

对于相对统一的对象，主要是在确定灵活度时如何使所规定的定量化指标先进合理。这就要求我们不能只凭感觉和印象进行判断，还必须具体地找出这些影响产品的使用性能和影响经济活动过程的因素的最佳数量界限，从而正确地规定这些指标的灵活度。这就要求标准化活动立足于可靠的统计数据，借助于数学方法和技术经济分析，特别是最优化的分析技术，提高统一化的水平。

第三节　简化原理

简化原理是从简化这种形式的标准化实践中总结出来的，并用于指导简化的规律性认识。其主要内容为，当具有同种功能的标准化对象其多样性的发展规模超出了必要的范围时，应消除多余的、可替代的和低效率的环节，保持其构成的精炼、合理，使总体功能最佳。

一、定义

简化是在一定范围内缩减对象（事物）的类型数目，使之在一定时间内足以满足一般需要的标准化形式。也就是说，在不改变对象的质的规定性，不降低对象功能的前提下，减少对象的多样性、复杂性。

简化一般是事后进行的，即在事物的多样性已经发展到一定规模之后，才对事物的类型数目加以缩减。当然，这种缩减是有条件的，是在一定的时间和空间范围内进行的，其结果应能保证满足一般的需要。然而简化并不是消极的"治乱"措施，它不仅能简化目前的复杂性，而且还能预防将来产生不必要的复杂性。通过简化确立的品种构成，不仅对当前的生产有指导意义，而且在一定时期、一定范围内能预防和控制不必要复杂性的发生。

二、原理解释

简化着眼于精练，在简化过程中往往保存若干个合理的品种，简化的目的并非简化为一种。简化是把复杂的变成简单的，从汉语释义的角度讲，是指故意少说几句，略去具体细节而抓住主干，形神兼备地传达出形象或意念的大致轮廓与内在精髓的构思方式。将简化应用到标准化中，形成了标准化的简化原理。简化是同人类社会中不必要的复杂化和混乱做斗争的方法，简化搞得好可以得到很明显的效益，但弄不好也会适得其反。为了指导人们进行合理的简化，从标准化实践的经验中概括出下述的原理。

具有同种功能的标准化对象，当其多样性的发展规模超出了必要的范围时，即应消除其中多余的、可替换的和低功能的环节，保持其构成的精炼、合理，使总体功能最佳。

简化原理是从简化这种形式的标准化实践中总结出来的，并用以指导简化规律性的认识，所以通常称为简化原理。这一原理除指出了简化时应削减的对象（多余的、可替换的、低功能的环节）之外，主要是指出简化时必须把握的两个界限：

（1）简化的必要性界限：在事后简化的情况下，当多样性的发展规模超出了必要的范围时，就应该（或才允许）简化。所谓"必要的范围"是通过对象的发展规模（如品种、规格的数量）与客观实际的需要程度相比较而确定的。运用技术经济分析等方法可以使"范围"具体化，"界限"定量化。

（2）简化的合理性界限：简化的合理性界限，就是通过简化应达到"总体功能最佳"的目标。"总体"指的是简化对象的品种构成，"最佳"指的是从全局看效果最佳。它是衡量简化是否做到了既"精炼"又"合理"的唯一标准。运用最优化的方法可以从几种接近的简化方案中选择"总体功能最佳"的方案。

（一）简化的客观基础

一般地说，供人们使用消费的物品都有 3 种功能：一是基本功能，即用来满足人们对该物品的共同需要的功能，这也是该物品得以存在的基础；二是附加功能，即用来满足不同的人们对物品的特殊需要的功能；三是条件功能，即使基本功能得以充分发挥的功能。例如，挂历的基本功能是显示日历，条件功能是挂，而附加功能则是装饰美化环境。

由于附加功能和条件功能的存在，使得同一物品具有众多的品种规格。而且，随着人们需求的不断变化和市场竞争的日趋激烈，品种规格还会不断增加。品种的增加在一定的范围内可以满足消费者的需求，因而是有利的，但如果超出一定的范围，盲目地、无限制地增加品种，就会给制造、选购、使用和维修带来很大不便。此外，大量的在功能上相近的品种的泛滥也会造成社会财富和资源的极大浪费。因此，就有必要运用"简化"这一标准化形式，将产品的品种规格缩减到必需的范围内。

简化只是控制不合理的多样性，而不是一概排斥多样性。通过简化，消除了多余的、低功能的品种，使产品系列的构成更趋精练、合理，从而提高了系列的总体功能，并为品种多样化的合理发展奠定基础。

产品自身所存在的基本功能、附加功能和条件功能是促使品种多样化的内在原因，而市场经济则是导致品种多样化失控的外部原因。只要这两个原因还存在，简化就是一个必不可少的调节手段。

（二）简化的原则

简化不是对客观事物进行任意的缩减，更不能认为只要把对象的类型数目加以缩减，就会产生效果。简化的实质是对客观系统的结构加以调整并使之最优化的一种有目的的标准化活动，是对事物多样化发展的人为干预。这种干预是在事物多样化的发展超过一定界限后才发生的。因此是一种事后干预，这也是简化区别于其他标准化形式的一个显著特点。简化的一般原则是：

（1）只有当多样化的发展规模超出了必要范围时，才允许简化。

（2）简化要适度，既要控制不必要的庞杂，又要避免过分压缩而形成单调。为此，简化方案必须经过比较、论证，并以简化后事物的总体功能是否最佳，作为衡量简化是否合理的标准。

（3）简化应以确定的时间和空间范围为前提。在时间上既照顾当前，又考虑到今后一定时期的发展要求，最大限度地保持标准化成果的生命力和系统的稳定性。对简化所涉及的空间范围以及简化后标准发生作用的空间范围都必须做较为准确的计算或估计，切实贯彻全局利益的原则。

（4）简化形式的结果必须保证在既定的时间内足以满足消费者的一般需要，不能限制和损害消费者的需求和利益。

（5）产品简化要形成系列，其参数组合应符合数值分级制度的基本原则和要求。

（三）简化的经济效果

品种简化能带来全面的经济效果。

首先，从制造者方面来说。在设计阶段，由于品种简化，可以减少设计差错，缩短设计时间，提高设计效率，便于图纸和设计文件的管理。在生产阶段，由于品种减少，扩大了单个品种的生产批量，从而为采用高效率的专用设备，实现专业化、自动化生产创造了条件；品种的减少会相应地减少工艺装备的品种和数量，从而降低制造工艺装备的费用及缩短生产准备周期；品种的减少也会减少原材料、零部件储备的品种和数量，因而减少了流动资金的占用，加速了流动资金的周转。所有这些都导致产品制造成本的下降。

其次，从商业部门和消费者来说，由于品种简化，便于包装、运输和仓储，大大减少流通领域的人力、物力消耗和管理费用，也为消费者的使用和维修带来方便，而且，生产制造成本的降低也使消费者在经济上直接受益。

正因为简化的应用领域很广阔且所需要的投资较少而收效却很显著，所以开展比较普遍。但是如果没有科学的评价方法，很难确定最优的合理方案，也无法确定简化的合理界限。法国的艾伯特·卡柯特经过认真研究，提出了衡量简化是否合理的一条重要法则："产品的制造成本与产量的4次方根成反比。"这一法则的数学表达式见式为：

$$C = \frac{1}{\sqrt[4]{N}} \tag{4-1}$$

式4-1中 C 是每件产品的相对成本，N 是产品生产的数量。

卡柯特法则被许多国家的实际资料所证实。根据式4-1，如果产量提高一倍，或品种减少一半时，成本可大约降低16%；如果产量提高两倍，或品种减少1/3时，成本可大约降低24%。

第四节　协调原理

不可否认，任何稳定有序的系统内部都充满着矛盾。作为矛盾统一体的系统，要保持稳定有序，其一要靠内部的统一，即要有一种共同遵守的规范把内部各个子系统及各个要素的行动和相互关系统一起来、一致起来；其二，必须正视客观存在的种种矛盾，有矛盾就必须协调。任何一项标准都是标准系统中的一个功能单元，既受系统的约束，又影响系统功能的发挥。所以，每制定或修订一项新标准都必须进行协调。协调是标准化活动的重要方式。协调原理强调的是在标准系统中，只有当各个局部（子系统）的功能彼此协调时，才能实现整体系统的功能最佳。

一、原理定义

协调原理指为了使标准系统的整体功能达到最佳并产生实际效果，必须通过有效的方式协调好系统内外相关因素之间的关系，确定为建立和保持相互一致、适应或平衡关系所必须具备的条件。

二、原理解释

（1）协调的目的在于使标准系统的整体功能达到最佳并产生实际效果。

（2）协调对象是系统内相关因素的关系以及系统与外部相关因素的关系。

（3）相关因素之间需要建立相互一致关系（连接尺寸）、相互适应关系（供需交接条件）、相互平衡关系（技术经济招标平衡、有关各方利益矛盾的平衡），为此必须确立条件。

（4）协调的有效方式有：有关各方面的协商一致、多因素的综合效果最优化、多因素矛盾的综合平衡等。

三、协调的分类

协调的方式按协调因素可以分为单因素协调、多因素协调；按协调效果分为一般协调、最佳协调；按系统状态分为静态系统协调、动态系统协调。

四、协调的含义

标准化对象都是处在一定的系统中，反映它们的标准也同样组成一定的标准体系；每一个标准自身也是一个系统，它内部各组成要素之间及同外部各相关因素之间都存在着相互联系、相互制约的关系。由于这些错综复杂关系的存在，标准化对象系统不可能自然而然地达到均衡、统一的状态，必须对系统进行人为的干预，按照系统的总体目标，对各组成要素的质和量进行调整，使它们彼此衔接、配合，或损有余，或增不足，最终使系统达到稳定、均衡统一状态。这种对标准化对象系统进行人为干预，使其相关因素在连接点处建立一致性，就是协调的实质。协调原理强调了协调在标准化活动中的三大作用：一是在相关因素的连接点上建立一致性；二是使内部因素与外部约束条件相适应；三是为标准系统的稳定创造最佳条件，使系统发挥其最理想的功能。

这里所谓的"一致性"就是指相关的两个或多个因素间要相互满足对方提出的要求，并为对方的存在创造条件。

概括起来协调的含义如下：

（一）在系统内部各相关元素之间的连接点上建立一致性

标准的子系统和组成元素并不是孤立存在的，他们之间都存在着直接或间接的相互依存、相互联系、相互制约的关系。为了使系统达到均衡、有序的状态，就必须使这些相互关系满足一定的要求，也就是要在相关因素的连接点上建立一致性。例如，直流收录机与电源电池之间就存在两个连接点：一个是电源电压，一个是收录机内电池盒的空间尺寸。它们之间的协调就是在这两个连接点上达成一致，即收录机的电源额定电压应该等于每电池电压的整数倍，相应地，电池盒的空间尺寸也应等于电池尺寸的整数倍。

（二）在系统的外部环境（约束条件）之间的连接点上建立一致性

标准系统如果仅有内部的和谐统一，而不同外部环境相适应，这种统一是不可能成立的。因而，这种协调也是无效的，所以当系统内部经协调达到统一后，还必须根据外部环境的要求，对系统内部各因素之间的平衡关系一一进行检验，如与环境条件不适应时，则需逐一进行调整，或者将内外因素进行统筹考虑，进行系统的总体协调。

对于标准化来说，协调是达到统一的必不可少的手段；没有协调就没有统一，也就没有标准化。统一强调的是共性，协调则兼顾了个性；统一是前提，协调是不可或缺的补充，是统一的基础；统一只能在主要方面进行统一，而协调则要体现在方方面面。把统一和协调结合起来，才能全面地指导标准化的具体行动。

第五节　最优化原理

标准化的最终目的是要去实现最佳效益。标准化活动的结果能否达到这个目标，取决于一系列工作的质量。在标准化活动中应始终贯穿"最优"思想。但在标准化的初级阶段，即制定标准时，往往凭借标准起草和审批人员的局部经验进行决策，常常不做方案比较，即使比较也很粗略。因而，被确定的标准方案常常不是最优的，尤其不易做到总体最优。这就影响到标准化效果的发挥。

随着生产力和科学技术的迅速发展，标准化活动涉及的系统已日益复杂和庞大，标准化方案的最优化问题变得更加突出和重要。标准化是人类用以促进生产发展和社会进步的技术手段和管理手段。标准化所要达到的统一，是能使标准化对象得到最优化的统一，而不是一般的统一，即在一定的标准化目标和一定的约束条件下，使整个系统的输出功能和效果达到最佳化。这可以从下两个方面来阐述。

一、标准化系统的整体优化

标准化的目的是利用有限的资源，取得尽可能大的社会效益和经济效益。从系统理论的角度看，这也是标准化系统整体优化的目的。系统的整体效果取决于系统的整体功能，而要求一个系统应具有什么样的整体功能，这要看系统的总目标。所以，系统整体优化的目的是与系统的总目标紧密相关的，而系统的总目标又与能向系统投入的资源和其他条件密切相关。在现实情况中，对系统的投入总是有限度的。所以，对标准化对象的优化总是在一定的标准化目标和一定的约束条件下进行的。然而，在一定的约束条件下，实现一定的标准化目标，可能有多个可行性方案。标准化系统的整体优化就是系统方案的优化，就是在能够满足系统的总目标的各种可行性方案中选择出最佳方案的过程。

二、标准化系统的结构优化

强调系统效果、重视系统功能是现代标准化的主要特征和核心问题。而功能是由结构所决定的，要优化功能必须先优化结构。在结构和功能的关系中，强调结构对功能的决定作用是很重要的，但也不能忽视功能对结构的反作用。因为，标准化系统的功能是一个活跃的因素。它在系统内外各种因素相互作用的过程中不断发生变化，而结构相对较稳定，只有当功能变化达到一定程度时，才会引起结构的部分改变或全部改变（如标准的修订或废止）。在进行系统结构优化时，要考虑以下因素：

（1）系统界限，这是进行优化的条件。

（2）系统的总目标，这是系统结构优化的主要依据。标准化活动与社会发展进程密切相关，而社会发展在时间上是不可逆的。所以，标准化活动是有期限的，标准化总目标也是有期限的，过早或过晚，都会影响优化效果。

（3）具体的约束条件，这主要是指大环境、大系统对标准化系统所施加的时间、空间、物质、能量、信息、政策、法令等各方面的限制。优化是相对的，是在特定条件下的优化，条件改变了，优化的结果也将随之改变。

（4）建立结构参数与功能参数间的关系。模型是优化标准化系统结构的主要手段，是科学地对标准化活动进行定量研究的工具。对于可定量描述的标准化目标，可以列出其目标参数和约束条件，然后求解目标函数的极值，以此确定量住方案。标准化对象参数最佳化用的就是这种方法。但对不能定量描述的标准化目标，则可采用协商法和评分法来确定最佳方案。

三、定义

按照特定的目标，在一定的限制条件下，对标准系统的构成因素及其关系进行选择、设计或调整，使之达到最理想的效果，这样的标准化原理称为最优化原理。

四、最优化的程序

（一）最优的一般程序

这个程序可以用一个流程图（见图4-2）来表示：

```
确定目标 → 收集资料 → 建立数学模型
                          ↓
评价和决策 ← 计算
```

图 4-2　最优化流程图

（1）确定目标：从整体出发提出最优化目标及效能准则（即衡量目标的标准）。

（2）收集资料：收集、整理并提供必要的数据和给定一部分约束条件。

（3）建立数学模型：在充分了解情况的基础上，找出反映问题本质因素的数学方程（即某些变量或参数之间的关系）和逻辑框图。

（4）计算：编制程序，通过计算求解，并提出若干可行方案加以比较。

（5）评价和决策：经过对方案的分析、比较，从中选出最优方案，由执行部门选定、决策。

（二）最优化的方法

最优方案的选择和设计，不是凭经验的直观判断，更不是用调和争执、折中不同意见的办法所能做到的，而是要借助于数学方法，进行定量的分析。对于较为复杂的标准化课题，要应用包括计算机在内的最优化技术。对于较为简单的方案的优选，可运用技术经济分析的方法求解。

第六节　四大基本原理之间的关系

上述标准化原理，由于是从不同形式的标准化活动中概括出来的，因而带有显著的方法论特点。所以，这些原理都被称为标准化的方法论原理。标准化的这些原理都不是孤立存在和孤立地起作用的。它们互相之间不仅有着密切联系，而且在实践应用过程中互相渗透、互相依存，它们结成了一个有机的整体，综合反映标准化活动的规律性。

简化原理与统一原理是从简化与统一化这两种古典的标准化形式中总结出来的，在现代仍然被广泛地应用。协调原理和最优化原理是从近代标准化的特点中概括出来的。从古至今，无论是简化还是统一，都要经过协调达到优化的目的。只是古代标准化协调的方式较为简单，协调的内容也不复杂，比较容易达到优化的目标。现代标准化则不同，在简化、统一化和协调过程中都贯穿着一个最一般的原则，就是从多种可行方案中选择或确定一种最优方案。在标准化活动中，对标准系统的构成加以简化，因素加以统一，关系加以协调，都要达到一个共同的目的——使整个系统的功能最佳。这就是最优化原理在起作用。由此足以说明这条原理的重要地位。在实践过程中，简化和统一也是互相渗透的，有些简化是为以后的统一打下基础，而有些对象的统一化首先是从简化开始。无论简化还是统一，都要经过协调，未经协调的简化和统一是不可能达到总体功能最优的。

◆◆ 思考题

1. 标准化的四大基本原理是哪些？
2. 简述你对标准化四大基本原理的理解。
3. 根据本章内容，结合实际举例子，简述标准化基本原理在标准制定和修订过程中的作用。

本章参考文献

李春田. 标准化概论 [M]. 6 版. 北京：中国人民大学出版社，2014.

李鑫，刘光哲. 农业标准化导论 [M]. 北京：科学出版社，2016.

舒辉. 标准化管理 [M]. 北京：清华大学出版社，2016.

第五章　标准系统的管理原理

【本章导读】

标准具有系统属性，并且已经存在着各种各样的标准系统。标准系统是人类社会发展到一定阶段，人类根据自己的需要创造出来的，在人类社会系统中具有其特定功能。对于标准系统而言，组成它的要素就是系统中的若干个标准。由于标准系统是人造开放系统，这个系统的发展及其功能的发挥，不仅取决于系统内部诸要素间的互相作用，而且取决于外部环境的变化；更由于这个系统不能进行自我调节，这就必然要求人对它进行管理。对标准系统的管理就是要运用计划、组织、监督、控制、调节等职能和手段对标准系统内各要素间的关系以及同外部环境间的关系进行协调，正确处理标准系统发展过程中的各种矛盾，以充分发挥其系统功能，促进标准系统健康发展。

【学习目标】

1. 理解标准系统的概念。

2. 熟悉并掌握系统效应原理、结构优化原理、有序原理以及反馈控制原理。

3. 了解运用4个原理管理标准系统的实践意义。

按照现代系统论的观点，无论是在自然界还是人类社会中，普遍存在着各种各样的系统。标准也同样具有系统属性，并且已经存在各种各样的标准系统。标准系统不是从来就有的，而是人类社会发展到一定阶段后才出现的，它是人类根据自己的需要创造出来的，属于人类社会系统中具有特定功能的人造系统。

标准系统具有5个方面的属性：（1）目标性。任何标准系统的建立都有其明确的目的或目标。标准体系目标具有具体化、定量化的特征，这是其具有管理功能的重要原因。

（2）集合性。古代的标准常常是孤立发生作用的，而现代标准化则以标准的集合为特征。随着生产社会化程度的提高，标准的集合性也在增强。任何一个标准几乎都难以独自发挥其效应。也正是基于这种原因，标准化才从个体水平上升到系统水平。标准系统的集合性与其目标性有着密切的联系。没有目标，集合便是盲目的、无根据的。许多标准的集合就是为了实现一定的目标；而系统目标的优化程度及其实现的可能性，又同标准的集合程度、集合水平有直接关系。（3）层次性。标准系统有的较简单，有的却是相当复杂，任何一个标准系统都不是杂乱无章的堆积，整个标准系统的结果是有秩序、分层次的。标准系统的结构层次性，是由系统中各要素之间的联系方式以及系统运动规律的类似性等因素决定的。（4）开放性（或动态性）。任何标准系统都处于某种环境（包括更大的标准系统）之中，总是要同环境进行相互作用，交换信息，并且不断地淘汰不适用的要素，及时补充新的要素，使标准系统处于不断进化的过程。（5）阶段性（相对稳定性）。标准系统的开放性，增强了标准系统的活力和对外界的适应性，这是标准系统发展的动力。但是标准系统的发展是有阶段性的，因为标准效应的发挥要求系统处于稳态，这是标准系统的显著特点。

由于标准系统是人造开放系统，这个系统的发展及其功能的发挥，不仅取决于系统内部诸要素间的相互作用，而且还取决于外部环境的变化；更由于这个系统不能进行自我调节，这就必然要求由人来对它进行管理。对标准系统的管理，就是要运用计划、组织、监督、控制、调节等职能和手段，对标准系统内部各要素间的关系以及同外部环境间的关系进行协调，正确处理标准系统发展过程中的各种矛盾，充分发挥其系统功能，促进标准系统的健康发展。为了适应对标准系统的管理需要，李春田在《标准化概论》（第六版）中提出了"系统效应原理、结构优化原理、有序原理、反馈控制原理"4项标准系统的管理原理。下面章节是对这4项原理的详细论述。

第一节　系统效应原理

标准系统并不是若干个互不相干的标准的简单集合，而是一个互相联系的有机整体。标准系统与其要素（组成该系统的各个标准）的关系类似整体与局部的关系或个体与总体的关系。每一个具体的标准都有其特定的功能，也都可以在实施中产生特定的效应，这种效应叫作个体效应或局部效应。标准系统在运行过程中通过个体标准和群体标准在某一时期的功能组合、协调和互相作用达到系统功能的发挥，从而实现标准化系统的综合效应。系统效应是一个动态应，标准在运行中发挥效能，系统在运行中产生效应。这个效应大大优于个体标准效应的总和，这就是系统效应。

一、系统效应原理的内容

标准系统的效应不是直接地从每个标准本身而是从组成该系统的互相协同的标准集合中得到的，并且这个效应超过了标准个体效应的总和，这就叫作系统效应原理。

其含义是：

（1）标准系统是一个不可分割的整体，其效应一定要从完整的系统来看，而不是从孤立要素的简单叠加来看。作为有机整体的标准系统，其效应与组成该系统的各个标准及它们的结构有关，但不是各个标准个体效应的简单总和。同时，每个标准的个体效应，又同它所从属的系统有关，受系统的影响和制约。系统效应之所以不同于个体效应，是因为在结构上合理的标准系统，已经不是互不相干的标准群体，而是形成了标准之间、标准与系统整体之间互相联系、互相作用、互相对立的矛盾统一体。系统效应就是从要素量的集合达到质的飞跃中产生的，是相关标准之间相互作用产生的相关效应。这种效应一般要比各个标准效应的简单总和大得多。所以说，系统效应必须在系统内部各级、各类子系统和要素间的错综复杂的协同作用中探求。倘若子系统之间协同性很差，也不会产生系统效应。

（2）标准化活动是由人力、物力、财力、技术、信息等要素构成的社会活动。根据系统效应原理，这些要素的构成或组合方式不同，所产生的效果也很可能不同。倘若根据需要或特定的目标，通过对各要素的合理筹划和有机组合，形成系统，便可产生特殊的效应，即系统效应。它能使有限的资源产生更大的能量，用较小的代价取得更大的效益，在较短的时间内求得更快的发展速度。但在以往的标准化活动中，却偏重追求单个标准的个体效应，较少考虑系统效应；往往偏重标准的总数量，较少考虑标准的系统性以及标准系统的合理结构。因此，系统效应才是优化的目标。系统效应原理是现代标准化理论的核心，标志着标准化方法论的重大转变。

二、系统效应原理的实践意义

系统效应原理是指导标准化活动最基本的原理，它的思想应贯穿于标准化的全过程。

（1）在对标准系统进行设计时（如开展综合标准化、建立标准综合体），应把它当作由若干子系统或要素结合成的有机整体看待。对每个子系统的功能要求，都应首先从实现整个系统的总目标出发加以考虑。对于子系统之间以及子系统和系统整体之间的关系也都需要从整体协调的需要出发加以处理。同样道理，某个系统又是它所从属的更大系统的组成部分，它的功能的设定以及它的系统效应的发挥，必然受到这个更大系统的制约，服从它的要求。这就使标准之间（包括系统之间）的协调变得格外复杂，这是对现代标准系统进行管理的一个特点。

（2）系统效应观点是现代标准化理论的核心问题。也是同以往的标准化理论相区别的重要标志。按照系统效应原理，每一个标准的功能和效应都难以孤立地发挥，它总是居于系统中的一定地位上，在系统的总效应中表现出它的个体效应。每一个要素的性质和行为以及它影响系统整体的途径，依赖于其他一个或几个要素的性质和行为。没有一个要素是独立地影响整体的，同时，每一个要素至少被其他一个要素所影响。因此，标准虽然是逐个制定的，但实际上是填补系统的一个要素，或在纵横交错的系统网络中填补一个节点。这个标准的功能受到该系统严格的制约。只有充分认识了这个系统对它的要求和制约，特别是系统总效应的要求，才能定出一个好标准（有较好适应性和适用性），才能保证整个系统发挥较好的功能，产生较好的系统效应。

（3）系统效应原理要求标准化工作者树立系统意识和全局观念。在标准化活动中常会出现这样的情形，一项规定或一个指标，从局部看是合理的、可行的，而从全局看却是不合理的或不可行的。在一般情况下局部应服从全局，因为系统效应原理表明，个体效应好，系统效应不一定好，系统效应才是我们所追求的最终目标。所以，这一原理为标准之间的协调提供了最基本的理论依据。

（4）系统效应原理具有方法论的意义。依据这一原理开展标准化活动时，首先要有明确的目标（或要求），然后制定与实现目标有关的标准，并认真处理好标准之间的协调、配合关系。保证标准系统是一个有机的整体，产生系统效应，达到预定目标。如果目标并不明确，或盲目追求系统的规模，只是制定了一堆互不协调、互不配合的标准，这既不能称其为标准系统，又不可能产生系统效应，甚至会出现负面效应（许多企业建立的标准体系就是这种状况）。

（5）系统效应原理奠定了标准化方法论的基础。在标准化管理活动中，从目标确定，规划、计划的落实，到决策方案的选择，以及在决策实施过程中根据信息进行的协调、控制，都必须运用这一原理。始终不脱离系统的总的奋斗目标，追求较好的系统效应，才能进行有效的管理，不断提高标准化的科学管理水平。

三、系统效应原理案例

（一）案例一

兰州化学工业公司是一个以生产化肥、合成塑料、合成橡胶、合成纤维、有机助剂等产品为主的大型石油化工联合企业。在这样一个企业里有许多互相独立又互相联系的系统,如财务系统、计量系统、机械动力系统、安全系统、环境保护系统、生产技术系统、科研系统、人事教育系统、设计系统、信息系统等。在诸多系统中,生产系统是中心,其他系统都是为这个中心服务的。优化以产品标准为龙头、以技术标准为主体的标准体系,就是对产品从投入到产出的生产过程标准化系统的优化和控制,保证物质生产有序进行,从而最终达到标准化系统效应的一个目标。我们采用标准化系统优化和控制的方法,就是以物质生产为核心,通过系统输入与输出的优化和控制、系统运行中各个接口的优化与控制,从而实现标准的系统效应。

（二）案例二

以系统效应原理在农业标准化中的应用为例:在农业系统过程中,结合市场需要的预测,如产量的高低,市场需要的产品的颜色、形状、大小和时期,制定全程生产计划,应用多项标准,并做到生产的每一个环节与系统的协调以及环节之间的衔接性良好,达到整体功能最佳。例如,出产的苹果与生产过程中的肥、水、病虫防治、栽培管理及采收、质检、贮运等均有关系,涉及了多个标准,在生产过程中,标准之间的协调显得十分重要。一般情况下,应当从最终产品的质量要求出发,对各个环节或要素规定必要的要求,从而保证整个相关标准的标准系统之间的整体功能最佳。农业生产过程不是孤立的,涉及了多个方面,如交通、农业机械、化肥、水利、电力、教育、信息、管理等系统,这些标准系统之间的良好协调,会大大促进农业标准系统的高效实施。通过对农业标准内部系统之间、相关农业标准之间及农业标准系统之间的协调,实现标准的系统效应。

农业标准系统的效应不是直接地从每个标准本身,而是从组成该系统的互相协同的标准集合中得到的,并且这个效应超过了农业标准个体效应的总和。由系统效应原理导出的工作原则如下:

（1）无论是国家农业标准化还是农场标准化,要想收到实效,必须建立农业标准系统。

（2）建立农业标准系统必须有一定数量的农业标准,但并不意味着标准越多越好,关键是农业标准之间要互相关联、互相协调、互相适应。

（3）制定每一个单项农业标准时,都必须搞清楚该标准在农业标准系统中所处的位置和所起的作用,以及它与农业标准之间的关系,从系统对它的要求出发,才能制定出有利于农业系统整体效能发挥的标准,最后形成的农业标准系统才能产生较好的系统效应。

第二节　结构优化原理

一、标准系统的要素及其结构

标准系统的结构，就是指标准系统要素的内在的有机联系形式。任何一种标准系统的要素都按照一定的次序排列或组合。如果仅有一堆标准，还不能说这就是标准系统。要素仅仅是组成系统的必要条件，而不是全部条件。系统是在要素基础上，以某种方式相互联系，形成整体结构，这时才具有系统的性质。系统的结构是系统具有特定功能、产生特定效应的内在根据。而且系统效应的大小，在很大程度上取决于系统要素是否形成了好的结构。所以标准系统的结构是现代标准化理论中又一个重要的课题。

二、标准系统的结构与功能的关系

凡人造系统都是有目标的，系统要素集能否达到目标要求，除了环境因素之外，要素间的相互关系如何，即结构形式如何，起决定作用。

就系统的结构与功能的一般关系而言，可以说是结构不同，功能也就不同，结构决定功能，但功能又能促进结构的改变。就标准系统而言，由于它是人造系统，所以常常是首先确立功能目标，而后根据目标设计或调整标准系统的结构。对较为复杂的系统，也常常是将系统的总目标分解为各个层次的分目标，然后据以构造出分系统的组成要素以及它们的相互关系，最后形成整体协调的系统结构。

在标准系统的结构与功能的关系中，强调结构对功能的决定作用是很重要的，但也不可忽视功能对结构的反作用。因为标准系统的功能是个活跃的因素，它在系统内外各种因素相互作用的过程中不断发生变化，而结构一般是较稳定的，只有当功能变化到一定程度（如标准已不适应生产发展的客观需要）时，才能引起结构的部分改变（如某些标准修订或废止）或全部改变。

在对标准系统进行宏观控制的过程中，应不断分析功能与结构的关系，一旦发现结构状况影响了功能的发挥和目标的实现，就应采取措施改变结构。譬如，当我们发现由于国家标准中有关保障消费者安全的标准比重太小，并且屡屡发生安全事故时，就表明现行标准系统保障安全的功能太差，必须调整系统结构，增加必要的安全标准。

由此可见，即使已经构成标准系统，如果结构不合理，标准之间的关系没有协调好，仍然产生不了较好的系统效应，这就提出了标准系统结构优化的问题。

三、结构优化下原理的内容

标准系统要素的阶层秩序、时间序列、数量比例及相关关系，依系统目标的要求合理组合，使之稳定，并能产生较好的系统效应，这就是结构优化原理。其含义如下：

（1）标准系统的结构不是自发形成的，是优化的结果，只有经过优化的系统结构，才能产生较好的系统效应。这是标准系统的一个特点，由此决定了标准系统的结构优化是对标准系统进行宏观控制的一项重要任务。

（2）标准系统的结构形式总的来说是变幻无穷的，但最基本的有阶层秩序（层次之间的关系）、时间序列（标准的寿命时间方面的关系）、数量比例（具有不同功能的标准之间的构成比例）和各要素之间的关系（主要是相互适应、相互协调的关系），以及它们之间的合理组合。它要求我们按照结构与功能的关系，不断地调整和处理标准系统中的矛盾成分和落后环节，保持系统内部各组成部分有个基本合理的配套关系和适应比例，以提高标准系统的组织程度，使之发挥出更好的效应，这就是结构的优化。

（3）标准系统只有稳定才能发挥其功能，经过优化的标准系统结构，应该能够相对稳定。所谓稳定是指系统某种状态的持续出现，从而其功能可持续发挥。而要如此，一是要使各相关要素之间建立起稳定的联系（或相互协调的关系），二是提高结构的优化水平

四、结构优化原理的实践意义

（1）根据结构优化原理可以得出这样的推论：当标准的数量一定时，这些标准之间的结构形式不同，其效应也会不同。要注意防止那种片面追求数量而忽视结构优化的倾向。这种倾向会削弱标准的系统效应，降低标准化效果。

（2）以往的标准化比较重视对单个标准的优化。根据结构优化原理，要系统发挥较好的效应，就不能仅仅停留在提高单个标准的质量方面，应该在一定质量的基础上，致力于改进系统结构。改进结构，常常可以收到事半功倍之效。模块化就是通过变革系统结构的方法来提高和改进系统功能的一种标准化形式。

（3）调整系统中要素的组合关系能改进系统的功能。有时采用精简结构要素的办法，减少组成系统的要素的数量和某些不必要的结构，不仅不会削弱系统功能，还可能提高系统功能，这可看成是简化的理论依据。

（4）改进系统的结构可以提高和改进系统的功能，发挥更大的组织效应；反之，不合理的结构会削弱系统功能。所以，研究标准系统的结构、结构与功能的关系、结构变化的机制、变革结构的方法等，不仅对提高标准的系统效应有现实意义，而且有可能探索出一条发展标准化的新途径。

五、结构优化原理案例

（一）案例一

优化原理一般是指对标准体系而言，事实上零部件标准化过程中也有优化问题。就以产品电源线的标准化整合为例，随着企业产品的系列化、多样化、国际化，很多企业都面临着电源线规格优化的问题，如何用最少的规格尽可能地满足众多的产品和客户的需求是摆在企业技术人员尤其是标准化人员面前的问题。某公司的产品包括电风扇、取暖器、净化器、加湿器、空调扇、吸尘器等，产品除了内销以外，还出口到欧亚非美100多个国家和地区。由于前期没有对电源线规格进行有效控制，加上企业急于占领市场以及产品型号拓展迅速等原因，使电源线规格猛增，仅净化器、加湿器、空调扇这3种产品就有95种规格不同的电源线。为了减少电源线的规格，提高电源线的通用性，公司决定对现有电源线规格进行优化，尽量统一其技术要求，以满足大批量招标和采购的需要。标准化人员经过对现有电源线规格进行分析，发现导致电源线规格多样化的因素主要有：（1）内销和外销，因各国认证标准和插头形式不一致造成。（2）环保方面，近年来，要求环保的国家和地区增多，且要求不尽相同。（3）电压、电流、频率等技术参数的不同。（4）电源线长度和颜色的不同。（5）客户的特殊要求。

针对上述各因素，综合目前的产品系列、种类和用户群，标准化人员对电源线进行优化的主要方法有：（1）形成内销和外销两个电源线系列，适应产品内外销并重的市场策略。（2）其他要求一致或类似，仅环保要求不同时，保留环保规格。（3）根据国家和地区的不同要求，列出电压、电流值并形成系列。（4）根据现有的电源线长度大小精简形成系列值，淘汰一些不必要的电源线长度。其颜色仅保留黑、白和灰3种。（5）保留重点客户特殊要求的电源线。（6）特殊问题特殊处理，允许设计人员根据产品本身和客户的需要，通过必要的审批流程之后增加新的电源线规格。

经过优化后，此3种产品所用的电源线规格剩下50种，减少了47%。由于考虑到一次筛减的规格过多的话，会给设计、工艺、生产、采购等部门带来操作上的困难，因此不宜一步到位。类似电源线的零部件的标准化整合，是企业一项长期的技术工作，除了加强控制以外，还要对零部件的规格不断地进行优化和组合。

（二）案例二

农业标准化的最终目的是要取得最佳效益。农业标准化活动的结果能否达到这个目标，取决于一系列工作的质量。在农业标准化活动中应始终贯穿着"最优"思想。但在农业标准化的初期阶段制定标准时，往往凭借标准起草和审批人员的局部经验进行决策，常常不做方案论证，即使论证也比较粗略。因而，被确定的方案常常不是最优的，尤其不易做到总体最优。这就影响到农业标准化整体效果的发挥。随着生产和科学技术的迅速发展，农业标准化活动涉及的系统也日益复杂和庞大。标准化方案的最优化问题更加突出且更加重要。因此，适应于这种客观的需要，我们提出了优化原理，即按照特定的目标，在一定的限制条件下，对标准系统的构成因素及其相互关系进行选择、设计或调整，使之达到最理想的效果。

农业标准系统的结构应按照结构与功能关系，调整处理农业标准系统的阶层秩序、时间序列、数量比例以及它们的合理组合。农业标准系统的结构不同，其效应也会不同，只有经过优化的农业系统结构才能产生系统效应。由此导出农业标准系统的结构优化的工作原则：

（1）在一定范围内，当农业标准的数量已经达到一定高度时，标准化工作的重点即应转向对农业系统结构的研究和调整上，要注意防止那种片面追求数量而忽视结构化的倾向，这种倾向会削弱农业标准的系统效应，降低农业标准化效果。

（2）为使农业标准系统发挥较好的效应，不能仅仅停留在提高单个标准素质方面，应该在保证一定素质的基础上，致力于改进整个农业标准系统的结构。

（3）当农业标准系统过于臃肿，功能降低时，可采用精简结构要素的办法，减少标准系统中不必要的要素和某些不必要的结构，其结果不仅不会削弱系统功能，还可提高系统功能，这可看成是"简化"的理论依据。

第三节　有序发展原理

制定标准、建立标准系统的目的是要用它来解决问题。标准系统是工具，解决问题是目的。自然，工具越是有效，问题会相应地解决得越好。怎样才能使标准系统这个工具更有效呢？这就必须从分析标准系统这个工具的特点入手。系统理论告诉我们，系统的有效性是和系统的有序性密切相关的。

系统的有序性是系统要素间有机联系的反映。系统要素间秩序井然、有条不紊、相互联系、稳定牢固，整个系统具有某种特定的运动方向（如指向共同目标），则表明其有序度高，这样的系统便是稳定的，能充分发挥其功能的系统。反之，要素间的结构松散、混沌、杂乱无章、方向不定（无共同目标），则表明其有序度低，无序度高，这样的系统状态便是不稳定的，其效应一定很低。所以，努力提高系统的有序度是维持标准系统稳定性并充分发挥系统功能的关键。

一、标准系统有序性的影响因素

为提高标准系统的有序程度，必须了解它的影响因素。标准系统的有序程度受哪些因素影响呢？

（一）标准系统的目标

标准系统是人造系统，人们之所以创造标准系统都是有目的的，又因为标准有量化的规定，所以这个目的通常要转换为量化的目标。对于标准系统来说，目标性是它的显著特征。标准系统的目标在系统形成过程中起导向作用。目标指明了这个系统的方向，系统中不论有多少标准都朝着一个方向，指向一个总目标。系统中的每一个标准都知道为实现总目标自己该做什么。这就产生一种使系统内部有序化的机制，令所有要素的行为和运动方向一致。

（二）系统要素的构成

系统是由要素构成的，标准系统到底该由哪些要素构成？由多少要素构成？这也是必须认真对待的问题。一般来说，为实现某一特定目标而建立的标准系统，不是越大越好，也不是要素越多越好，理想的状态是用最少的必要标准解决问题。这就是说，必要的标准不能少，无用的标准不能有，这是保证系统有序性的必要前提条件。

（三）要素之间的关联

标准系统之所以能产生系统效应，全靠系统中的要素相互配合相互关联，形成一个有机整体，是这个整体而不是单个的标准发挥作用。

怎么才能使所有的标准互相配合、互相关联并形成一个有机整体呢？它不会自动实现，关键是要协调，而且还必须进行整体协调。只有经过整体协调的系统，它的所有要素才能互相关联，才能把所有标准的目标的运动方向调整到有序状态，否则无有序可言。

三、有序发展原理的内容

标准系统的功能与其状态相关，标准系统的状态，即其组织程度，表现为有序或无序，保持或提高标准系统的有序性是提高标准系统功能的基础。这就是标准系统的有序原理。

有序原理告诉我们，建立标准系统的目的是要它发挥更好的作用。怎么样才能发挥作用呢？制定恰到好处的适用标准并把它们组织起来，组织得好，有序程度高，组织得不好，有序程度低。有序性或无序性是反映（衡量）标准系统的组织程度或标准系统状态的参量。有序程度越高，系统功能越好；有序程度越低，无序程度越高，系统功能越差。对标准系统进行管理的一项重要任务就是保持或提高其有序程度。

如何提高标准系统的有序程度？除了上文提到的，在建立系统时充分考虑系统目标、系统要素的构成和要素之间的关联之外，系统在运行过程中一旦出现与环境或客观要求不相适应或系统功能降低的现象，就应及时淘汰系统中落后的、低功能的和无用的要素，或补充对系统进化有激发力的新要素，这样才能使系统从较低的有序状态向较高的有序状态转化。

四、有序原理的实践意义

（1）有序原理告诉我们，标准系统不是越大越好，系统中的标准也不是越多越好。由必要的适用的标准组织起来的系统才是有效的。那种贪大求全的做法实不可取。

（2）任何人造系统都是有目的的，尤其是标准系统一定要有明确目的及目标。在目的和目标均不明确的情况下建立的标准系统，其内部的各要素不可能有一致的行动方向和努力目标，极有可能形成混乱无序状态。没有明确目标的系统，注定是一个无序的系统，它不会发挥出系统功能。

（3）标准系统的有序状态是整体协调的结果。把一堆标准摆在一起，不可能自动形成有序状态，必须经过整体协调。不经整体协调不可能使要素之间形成互相配合、互相关联的有序状态，这是标准系统建立过程中最难也是最重要的任务。

（4）当标准系统已经不能适应客观要求时，即系统处于不稳定的无序状态，这时可向系统补充某些具有激发力的、功能水平较高的标准。如果处理得当，它们有可能把系统"拖"到新的稳定的有序状态。一旦掌握了这个系统发展的机制，便可以自觉地运用它来推进标准化。例如，在较为落后的标准系统中，引进部分先进标准，就可能起到这种激发作用，有可能使原来较为落后的标准系统跃迁到一个新的有序状态。总之，标准化活动就是我们为从无序状态恢复到有序状态而做出的努力。

五、有序原理案例

（一）案例一

有甲、乙两个类似的企业，为解决同一性质的问题，各自制定了相同数量的标准，甲企业的做法是，首先明确了目标（解决什么问题？解决到什么程度？达到什么要求？），然后将总目标分解到各相关要素，各相关要素则根据总目标对它的要求制定保证自己分目标实现的标准。最后又通过整体协调，使所有这些标准之间互相关联、互相配合，共同围绕总目标。乙企业的做法是，制定不比甲数量少的标准，技术标准、管理标准、工作标准样样齐全，但这些标准没有共同的目标，每个标准各有各的背景，各有各的适用范围，各有各的要求，相互之间没有什么关联。这两个企业都说自己建立了标准体系，但它们的作用（解决问题的能力）却截然不同。

（二）案例二

高速公路建设范围广、施工线长、施工点多、施工建设机械化程度不高，是典型的劳动密集型行业，施工作业人员大多专业水平相对较低，工程质量、安全问题一直难以得到很好的控制。为了解决上述问题，交通运输部提出在现行公路标准和规范的基础上，针对工程质量通病及管理薄弱环节，充分吸收各地施工工地标准化的经验和成果，全面推行施工标准化管理。施工标准化管理是一项复杂的系统工程，主要包括以下两个相互关联的工作。

（1）施工标准化程序的形成过程：施工标准化程序的形成过程包含了标准的研究、制定、实施以及修改等任务。

（2）按标准进行施工过程管理：此阶段涉及人员机械的配置、施工工艺的选择、施工过程控制、对施工标准化管理的过程及结果进行反馈等任务。

现今，建筑领域的施工技术日新月异，因此，施工单位在项目施工时应避免墨守成规和反复执行陈旧的、不再适用的标准，而应该紧随施工技术进步的步伐，不断改进施工标准化的程序，淘汰落后的、低效的标准，以提高施工效率。

第五节　反馈控制原理

一、标准系统的环境

标准系统的环境是指系统存在和发展的外界条件的总和。系统是离不开环境的，它在与环境不断相互作用下生存和发展。所以，标准系统的运动，不仅依赖于其内部要素的相互作用，同时依赖于它和周围环境的相互作用，这两种作用构成了标准系统发展的动力。标准系统的环境，是一系列动态系统，它们是经常变化的。标准系统必须能适应这种环境的变化。对环境缺乏适应性的标准系统，是不会有生命力的。因此，研究标准系统的环境及其对标准系统的影响等问题，同样是对标准系统进行宏观管理的重要课题。影响标准系统的环境（经常处于变动状态的）主要有：

（1）市场形势的变化和社会治理水平日益信息化，尤其是相关技术法规的出台都将要求标准系统做相应的调整。

（2）生产结构和社会经济结构的重大变革。例如，经济管理体制的改革、地区间的协作、企业的跨国经营等，都要求标准系统具有较强的横向联系的功能，甚至发生系统互相包容（一个系统的输出是另一个系统所需要的输入）等情况。

（3）科学技术发展的步伐加快，导致产品寿命周期缩短，标准系统的稳定性降低，而与产品有关的标准系统要经常调整。

（4）贸易范围扩大，即标准系统的外部环境扩展，使标准系统的运行条件发生变化，系统的结构和功能也需相应调整。

（5）属于较高层次的标准系统或同一层次的相关标准系统发生变化时，该标准系统也必然发生变化。

对标准系统进行管理的一个很重要的任务就是经常地、及时地洞察这些环境因素的变化情况和变化趋势，不失时机地对标准系统加以控制和调整，使之与环境的变化相适应。

二、反馈控制原理涉及的相关概念

（一）信息及其反馈

为使标准系统适应环境的变化，首先必须能够感知环境的变化，而要感知环境的变化，就必须从变化的环境中接收信息。没有接收信息和处理、利用信息的能力，就谈不上对系统的控制，也谈不上对环境的适应。人类从事的标准化活动，从某种意义上可以说，就是不断地从外界获得信息并对其进行加工，制定出标准，建立标准系统，然后在系统的运行过程中还要不断地从外界获得环境变化的信息，对这些信息再加工，并根据所加工的信息对标准系统进行控制，使之与环境相协调的一个无限循环的过程。没有信息就无法对标准系统进行管理，也就没有所谓的标准化活动。

信息反馈（这里指负反馈）是对标准系统进行管理的前提。任何一个标准系统，尤其是全国性的标准系统，不仅必须有信息反馈，而且必须建立相应的信息反馈子系统，经常地获得必要的信息，迅速地传递，正确地加工和利用。否则，这个标准系统是无法运行的，也是不可能稳定的。

（二）控制

对标准系统来说，控制的含义包括指挥、调节、组织、协调等管理职能。控制的目的或者是使系统稳定，或者是使系统内诸要素逐步形成一个具有新功能的新结构，产生更大的系统效应，并使系统与环境相适应。由此可见，无论是系统效应的发挥、系统结构的优化与稳定，还是系统的进化与发展，都离不开控制。

三、反馈控制原理的内容

标准系统演化、发展以及保持结构稳定性和环境适应性的内在机制是反馈控制；系统发展的状态取决于系统的适应性和对系统的控制能力，这就是反馈控制原理。它的含义如下：

（1）标准系统在建立和发展过程中，只有通过经常的反馈（指负反馈），不断地调整同外部环境的关系，提高系统的适应性，才能有效地发挥系统效应，并使系统朝有序程度较高的方向发展。

（2）标准系统同外部环境的适应性和有序性，都不可能自发实现，都需要由控制系统（标准化管理部门）实行强有力的反馈控制。标准化管理部门的信息管理系统是否灵敏、健全，利用信息进行控制的各种技术和行政措施是否有效，即管理系统的控制能力、管理水平如何，对标准系统的发展有重要影响。

（3）标准系统效应的发挥，依赖于标准系统结构的优化；标准系统的稳定是有序化的结果，所以它又依赖于标准系统的演化发展，而所有这一切都离不开反馈控制。由此不仅可以看出反馈控制原理的重要意义，还可看出标准系统的管理原理之间的联系，它们实际上是一个整体，是一个不可分割的理论体系。

四、反馈控制原理的实践意义

（1）标准系统是人造系统，它需要标准化管理者自觉地运用反馈控制原理进行调节，才能使系统处于稳态，没有人的干预它是不会自行达到稳态的。而干预和控制都要以信息反馈为前提。虽然建立了标准系统，如果没信息反馈，就无法对系统进行控制，系统就将处于失控状态。标准化管理的一项重要任务就是建立信息反馈系统，并收集和处理反馈信息。

（2）标准系统的反馈信息要通过标准实施的实践才能得到，如果标准化管理系统不用相当的精力注意标准的实施，就无法得到反馈信息，最后势必还会形成开环控制的局面。

（3）对现代标准系统进行管理的水平，在很大程度上取决于标准化管理部门所收集的信息质量（及时、准确、适用、经济）和对信息传输、加工、处理及使用的能力、效率。所谓标准化管理的现代化，主要是指这方面的现代化，这是信息时代标准化管理水平的重要标志。

（4）为了使标准系统与环境条件相适应，除了及时修订落后的标准，通过制定指标水平较高的具有抗干扰能力的标准之外，还应尽可能使标准具有一定的弹性，以补偿阶段性造成的功能不足，减缓它对技术进步的反作用，这应该成为标准化的一条原则（弹性原则）。对标准指标采取分等、分级的办法，也是提高标准弹性的一种措施。此外，标准系统在环境面前也不完全处于被动地位。标准系统输出的信息，不仅要影响环境、作用于环境，而且要改造环境。如果标准系统没有这个功能，它就失去了存在的意义。标准系统在人们的控制下运行，通过改造客观世界，同时改造其自身。

上述这些原理，只是针对标准系统的宏观管理而提出的。这些原理既不是孤立存在的，也不是孤立地起作用。它们不仅密切联系、融成一体，而且相互渗透、相互依存，形成了一个理论整体。当然这仍然是很不完备的理论，或者说只是一些思想萌芽。标准化实践是标准化理论的源泉。随着标准化实践的深化和发展，人类对标准化活动规律的认识也必将深化和发展。新的更完善的原理，必将取代旧的行将过时的原理。正如恩格斯所说："我们只能在我们时代的条件下进行认识，而且这些条件达到什么程度，我们便认识到什么程度。"对标准化原理的认识也只能在一个无限渐近的过程中实现。

五、反馈控制原理案例

（一）案例一：物业管理领域

1. 规划设计阶段

在规划设计阶段，物业管理的提前介入，控制反馈信息起到优化设计的作用。

在确定项目的过程中，通过对众多物业及物业使用人的长期充分的接触，凭借物业管理行业的专业知识，收集积累精华。从业主和管理者的角度反馈信息，是主动反馈，时效强、质量高，充分体现了客户需求内涵，也使物业功能设计更有利于日后的使用和管理。规划设计阶段的反馈控制有效地避免因设计的缺陷或不足而给业主使用和物业管理带来麻烦，加强了决策、规划的准确性，提高物业开发质量，更有效、更有力地传送目标市场所期望满足的物业，为项目销售打下了先天性的基础。

2. 项目建设期

在项目建设期的介入，控制反馈信息强化物业的施工监理，促进物业优质建成。

在项目建设期，管理公司通过物业管理企业的前期全面介入，从物业使用人的角度反馈信息是主动小反馈，信息量大、时效强、质量高。进行全面监控工程施工、设备安装的质量，及早发现问题，及早解决问题；积极跟进物业各项相关设计在施工过程中的落实情况；及时根据实际情况调整改进不合理的设计，纠正不符合用户需要的建造形式；协助专职的监理单位对物业的建设质量进行技术质量监督；避免了物业建成后给使用和管理服务带来的缺憾，促进物业的优质建成。

3. 物业的验收入伙期

在物业的验收入伙期介入，利用控制反馈信息分清整改责任，顺利验收接管，铺平日后物业管理道路。

从物业使用人和管理者的角度反馈信息对施工单位是被动滞后及亡羊补牢性质的反馈；对物业管理来说是及时补救的高效反馈控制。物业公司要就日常管理维护工作中可能存在的问题及时发现，分清整改责任。一方面可促使开发商引起高度重视并要求承建单位落实整改措施和经费，限期解决；另一方面，直接与建筑安装单位交涉监督并促使及时加以纠正，避免扯皮推诿事情的发生。确保各项设备设施在投入使用前均可正常运行、顺利接管验收；确保物业管理单位能够在物业建成后一开始投入使用即能为业主提供良好的物业管理服务。

（二）案例二：农业领域

农业的任何一个方面都具有系统的复杂性，那么对这种复杂性系统的运行，只能通过关键点的控制才符合标准化的基本原理思想。该原理告诉我们，实施农业标准化，应当随时注意提取复杂变化的农业过程中能够控制变化的关键环节。控制住了关键点，也就控制住了过程全局。日常提出控制工作的效率要求，从另一方面强调了关键控制原理的重要性。

关键控制原理，是从一个农业过程说的，当置入农业周期时，明显看出，就成为反馈控制了。关键控制原理，多强调管理和操作。这就有了一般意上的工作效率概念，在这里多表现为控制操作的工作效率。所谓控制工作效率，是指控制方法如果能够以最低的费用或其他代价来探查和阐明实际偏离或可能偏离计划的偏差及其原因，那么它就是有效的。对控制效率的要求既然是控制系统的一个限定因素，自然就在很大程度上决定了农业管理人员只能在他们认为是重要的问题上选择一些关键因素来进行控制。

选择关键控制点的能力是农业标准化管理工作者的基本素质。能否进行有效的控制，在很大程度上就取决于这种能力的高低。

复杂的农业过程，时刻都有大量影响因子的作用，而依据作用过程的历史和新的技术成果，对特定过程进行评估，得出不同层次上的过程控制关键点，形成控制关键点系统，就得到了此过程的控制纲领，也就能够自如地控制该系统了。另外，计划评审技术就是一种在有着多种平行作业的复杂的管理活动网络中，寻找关键活动和关键线路的方法。这是一种强有力的系统工程方法，它的成功运用确保了像美国北极星导弹研制工程和阿波罗登月工程等大型工程项目的如期完成。效果评价是当代社会很重要的一种学科方法，应用广泛。而效果评价的结果是否科学、真实和有效，关键就在于评价时抽提的评价指标是否最具有代表性。这种代表性的评价指标产生，就是关键控制原理的应用。

由于其他科学技术的迅速发展和它们与农业的不断密切结合、相互渗透的程度愈来愈深的原因，农业的发展也迅速由自然、粗放和参与式管理，向控制型管理及精准化方向发展。这就使得农业标准体系从过去以技术规程形式，模糊化、综合性的标准规则向越来越明晰化的、真正的标准化方向发展，从而逐渐缩小那种"大概"的高弹性规范。这是各种科学技术不断参与农业领域过程的必由之路，也是农业科技发展的必然过程。在此背景下，农业标准的条目将会迅速增加，过去那种模糊的过程也会很快地、不断地得到明朗化，操作行为中的"差不多"成分会因此渐失。

农业标准系统演化、发展以及保持结构稳定性和环境适应性的内在机制是反馈控制。由此导出农业标准化的反馈控制工作原则：

（1）农业标准系统需要管理者主动地进行调节，顺应农业标准化科学发展的规律，才能使该系统处于稳态。没有人为干预或控制是不可能自动地达到稳态的（因为它是人造系统），而干预、控制都要以信息反馈为前提。

（2）农业标准化管理部门的信息管理系统是否灵敏、健全，利用信息进行控制的各种技术的、行政的措施是否有效，对能否实现有效干预关系极大。

（3）农业标准系统的反馈信息要通过农业标准贯彻的实践才能得到，如果农业标准管理部门不用相当多的精力注意标准贯彻，不能及时得到标准在过程中同环境之间适应状况的信息，不能及时对失调状况加以控制，农业标准系统便可能逐渐瘫痪，直至瓦解。

（4）为使农业标准系统与环境相适应，除了及时修订已经落后了的农业标准，制定适合环境要求的高水平农业标准之外，还应尽可能使农业标准具有一定的弹性。

◆◆ 思考题

1. 标准化的管理原理包括哪些内容？
2. 根据本章内容，结合农业生产实际，论述农业标准化管理原理在农业标准化工作中的作用。

本章参考文献

李春田. 标准化概论 [M]. 6 版. 北京：中国人民大学出版社，2014.

第六章　标准化的经济效果

◆◆▶【本章导读】

　　标准化可以为组织、市场和社会带来可观的效益，但由于相关数据较少且获取难度较大，以往对于标准效益的评价通常只能定性，很难量化；且不同国家的研究方法和评估指标均不相同，不利于各项研究之间进行综合对比和分析，很难从研究中得出统一的评价标准和一般趋势。为此，国际标准化组织开发并发布了一套测度和评价标准经济效益的方法论。本章主要介绍了标准化产生经济效果的机理及其基本概念、评价标准化经济效果的原则与程序。

◆◆▶【学习目标】

　　1.理解标准化产生经济效果的机理。

　　2.熟悉评价标准化经济效果的原则和程序。

　　3.掌握标准化经济效果的基本概念。

　　人类社会的生产实践活动总是为了达到一定的目的，然而在相同的投入下却会产生不同的结果。标准化活动作为人类社会的生产实践活动，也是一种投入。在标准化方面的投入，可产生多方面的效果，但其中最主要的效果还是它的经济性。尽管各标准制定的初始目的各不相同，但最终都会不同程度地、直接地或间接地表现出它的经济效益，获得综合的、最佳的经济效益是标准化的最重要的目的。

第一节　标准化产生经济效果的机理

标准化工作可以为组织、市场和社会带来可观的效果，这是标准化工作者和标准使用者的共识。由于相关数据较少且获取难度大，以往对于标准效果的评价通常只能定性，很难量化。为此，一些国家的标准化机构和研究团体尝试开展了一些量化研究。通过对这些研究结果进行分析后可发现研究方法多种多样，其中大部分是从宏观经济的角度尝试评估标准化对国家经济发展的贡献。由于这些研究对标准经济效果评价和量化没有统一的方法论，不利于各项研究之间的对比，很难从研究中得出统一的评价标准和一般趋势。为此，国际标准化组织制定了一套用以评价和量化标准经济效益的方法论，该方法论为各个组织评价标准的经济效果提供了统一的规则、指导原则和工具框架。

那么标准化为什么能产生经济效益？究其原因是它对人类的社会实践活动施予多方面的有效影响和制约，从而促进了人类社会生产力的发展。其产生经济效果的机理主要体现在以下 5 个方面。

一、标准化为人类的各项实践活动确立了准则，使之有序化、规范化

标准是衡量事物的准则，也为人类社会提供了相互了解和交流的基础。当今的社会可以说标准无处不在，无时不在，人人都要受到标准的约束，但由于这种约束是确立在大家协商一致的基础之上的，因而人们能自觉地接受并遵守它。标准使人们的无序活动逐步走向有序化、规范化，从低级的有序状态走向高级的有序状态。标准的科学性和公正性，又使它和一般的行政法规相比较来说，没有偏见。标准化使其能跨越企业、地区、国家的界限，受到不同民族、不同国籍的人们的尊重，产生突出的经济功能。

（1）为社会化、专业化协作生产建立了纽带，确立了指挥权威，从而促进了社会生产率的迅速提高。如果把社会化、专业化协作生产方式的管理类比作一个乐队的演奏，那么标准就是乐章，是组成的音符，没有音符，没有乐章，就无从指挥，也就不可能有美好的音乐效果。同样，没有标准化，社会化、专业化协作生产就无法存在，也就不可能组装出飞机、汽车，甚至不可能生产出衣服、鞋子等人类所需要的商品了。

（2）标准化使人类社会的各种活动减少了盲目性，赋予了明确的目的性和整体协调性。一个企业的生产经营系统就是一个不可分割的整体，但组成这个整体的各个单元或子系统虽各自独立但又相互依存、相互作用，其中任何一个单元或子系统的活动，都必然会对其他单元或子系统产生影响。为此，它们唯有同步协调活动，才能使整个系统发挥最佳功能，达到整体最佳目标。仅有产品标准，没有相关的技术标准与之配套，那就

无法有效地实施；只有技术标准，没有对应的管理标准，技术标准的实施也就无法得到有效的保证，没有落实到工作标准上，产品质量更没有保障。

二、标准化活动促使标准转化为社会生产力

众所周知，一项标准的产生，就是人们社会实践经验的总结，也是有关科学技术的积累和结晶。标准的修订，则是由实践证明为行之有效的新经验取代其中一些过时陈旧的经验，由新的先进的科学技术取代旧的落后的科学技术。标准化活动就是不断把标准转化为直接生产力的过程。

因此，标准化必须与最新科学技术成就的推进始终保持同一步调，只有这样标准化才能够把人类的先进经验、最新的科学技术不断地转化为生产力，从而产生极大的经济效果。

三、标准化可以减少人类社会的重复劳动耗费

所谓的重复劳动耗费，就是指在劳动过程中，物化劳动或活劳动的重复支出。而标准化的功能就是尽量减少或消除重复的不必要的劳动支出，这个过程主要通过以下两种途径来实现。

（1）直接减少或避免重复的劳动耗费。例如，零部件标准化后可以减少重新设计、重新制作、新工艺装配等方面的劳动耗费；工艺标准化可以减少或节省重新编制及试制工艺的劳动耗费；管理标准化则能够有效地节省两次发生同类管理事件时的分析、研究、决策等方面的劳动耗费。

（2）尽量扩大劳动成果的重复利用，即提高劳动成果的利用率，这就意味着相对降低了劳动耗费。如通用化就是扩大劳动成果利用率范围的典型形式，标准的覆盖面越大，其重复利用的范围就越大，降低的重复劳动耗费也就越大。

四、标准化促使产品、服务质量的提高

产品质量的好坏反映了产品满足用户需要的程度的高低。商品在市场上的竞争主要表现为质量之争，只有以质取胜才能赢得用户信任，扩大销路。而企业推行标准化，才能稳定提高产品质量。在国际市场上，日本的电子产品、汽车等之所以能在西欧、北美高度工业化地区畅销，其根本原因之一就在于此。贯彻实施各类标准，可提高产品成品率和优等品率，降低废品率、次品率。按照优质优价政策，对于优等品可以提高售价，使企业直接增加收入。而废品率、次品率的降低则可以给企业带来原材料、能源的节约，同时减少劳动工时的消耗，从而降低企业的整体生产成本。

虽然由于贯彻实施标准而增加投入，提高了生产成本，但其所带来的高质量产品能

够提升其声誉和销售量，使增加的这部分投入完全从优价与多销中得到补偿，最终仍使企业获取较大的经济效果。相反，不认真贯彻标准，将使企业的产品质量低劣，从而导致产品无销路而破产关门，那就更谈不上经济效果大小的问题了。同样，标准化能够提高工程和服务质量，给施工企业、商业企业带来较大的经济效益。

五、标准化促使品种规格合理简化，生产批量增大，制造成本降低

由于市场上需要多元化的商品，企业为了赢得竞争优势需要不断地开发新产品，而新产品、新工艺的采用，又提供了多样化生产的条件，同时社会生产客观上存在着多样化的趋势。但是，多样化生产却给企业生产带来了许多困难：一是经济效益的下降，多样化导致生产中所需的材料、零部件、设备增加，造成固定资产和流动资金占用量的提高；二是产品设计工作量增加，生产准备工作周期加长，生产组织管理更复杂；三是多类产品的生产批量减少，难以达到规模经济的生产批量；等等。而标准化却能在满足市场多样化的前提下，通过系列化、通用化、组合化，合理简化产品品种，从而缩短设计周期，降低原材料消耗，增大生产批量；同时还有利于采用先进工艺以及提高工人技术水平，从而取得显著的经济效果。

第二节 标准化经济效果的基本概念

为了更好地评价标准化经济效果，我们有必要对评价标准化经济效果的几个基本概念做一个全面的了解。

一、标准化的劳动耗费

标准化的劳动耗费指制定与贯彻实施标准所付出的活劳动耗费和物化劳动耗费的总和，也就是制定标准与贯彻实施标准的费用的总和，我们可以把它看成是标准化投资。制定标准的费用包括调查研究、试验验证、征求意见、标准审查、报批等各个环节所需要的费用，以及参与标准制定各项活动的人员工资、补助和差旅费用等。贯彻实施标准的费用包括标准出版、宣传教育、仪器设备、标准过渡损失等方面的费用，此外还包括参与标准贯彻实施各项活动的人员的工资、补助和差旅费用。

二、标准化的有用效果

标准化的有用效果表现在多个方面，如提高生产率、改善劳动条件、减轻工人劳动强度、节约劳动耗费、改善环境质量等。从广义上说，标准化的有用效果就是标准化所产生的直接和间接的结果。在经济活动领域，则专指贯彻实施标准所获得的使用价值，

或所带来的节约（包括制造方面的节约和使用方面的节约）及其他有益的结果，如由于开展标准化所获得的设计费用的节约、材料费用的节约、制造工时费用的节约、产品使用寿命延长带来的节约、产品质量的提高等。从这里也可以看出，有用效果是不能全部用数量表示出来的。即使在可用数量表示的有用效果中，也并不是都能用货币来表示的，这就要求我们在进行标准化有用效果的分析时，应注意：凡是能用货币表示的指标，应尽量采用货币指标，以便进行标准化前后的对比。与此同时，也需要考虑那些不能用货币和数量表示的指标，以便对有用效果做出全面的评价。

三、标准化经济效果

国家标准《标准化经济效果评价 第1部分：原则与计算方法》（GB/T 3533.1—2009）对"标准化经济效果"的定义是：制定、修订和实施标准所获得的有用效果与所付出的劳动耗费之比。这种比较可以用两种方式表示：

$$经济效果 = 有用效果 / 劳动耗费 \qquad (6-1)$$

$$经济效果 = 有用效果 - 劳动耗费 \qquad (6-2)$$

式6-1表明，标准化经济效果是取得的有用效果与标准化活动的劳动耗费之比，是一个相对值。用其评价标准化经济效果的原则是，当标准化经济效果大于或等于1时，说明这项标准化活动的所得大于投入，或收支平衡，是可行的；当其小于1时，说明这项标准化活动的所得小于投入。

式6-2表明，标准化经济效果是标准化活动获得的有用效果与实现这一活动所发生的劳动耗费的差值，是一个绝对值。用其评价标准化经济效果的原则是，当标准化经济效果大于或等于零时，说明标准化活动的有用效果补偿了标准化活动所需的劳动耗费之外还有盈余，或刚好补偿了所发生的劳动耗费；反之，则说明标准化活动所获得的有用效果还不能补偿所需的劳动耗费。任何经济活动都要消耗一定的活劳动和物化劳动，也都能取得一定的有用效果，要考察一项活动所获得的经济效果的大小，必须将有用效果和劳动耗费加以比较才看得出来。如果单看有用效果或单看劳动耗费，都不可能判断出效果的大小或正负，而且必须将两式结合起来运用，才能得到正确的结论。比较时，若度量单位不一致，则只能用式6-1。

四、基准年和评价年

基准年是指评价标准化经济效果时，作为比较的基准年度；评价年是指评价标准化经济效果时，与基准年进行比较的各年度。评价标准化经济效果，需要把标准化前后，即基准年与评价年的各项技术经济指标进行比较。

第三节　评价标准化经济效果的原则与程序

一、评价标准化经济效果的原则

（一）综合分析，全面考虑

标准化效果的重要特征是广泛性和综合性。所谓广泛性，就是凡以制定和贯彻标准为手段的一切社会活动，都能产生标准化的效果。所谓综合性，就是标准化的效果存在不同的相互制约、相互联系的方面。因此，评价标准化的经济效果必须综合分析，全面考虑，以获得最佳效果，既要考虑微观的效果，又要考虑宏观的效果；既要重视当前的利益，又要重视长远的利益；既要着眼于生产领域，又要考虑非生产领域。

（二）将标准化的效果与其他技术措施的效果区分开来

由于在具体实施某项标准时，往往需要与其他技术措施结合起来贯彻实施，才能取得最佳的成效，因而最终所取得的效果往往是几方面的综合效果。为此，在评价标准化效果时，应将标准化的效果同其他技术措施的效果合理地区分开来。其区分原则是：若标准化的项目是独立产生的，其他的措施是围绕实现标准化项目而采取的，则主要应视为标准化的效果；若标准化的项目是根据其他工作提出的，在这种情况下，只应评价其已经实现了的那部分标准化产生的效果。当难以区分时，可采用下述两种方法进行计算：

1. 协商评分法

根据各项工作的重要性程度，由企业的标准化部门会同有关部门共同协商，定出比例，分摊计算。

2. 分摊系数法

根据标准化工作和其他技术工作在总项目中的重要性及工作耗费量定出比例，可通过式 6-3 计算：

$$B_i = \frac{F_i \times R_i}{\sum_{i=1}^{i} F_i \times R_i} \qquad (6-3)$$

式 6-3 中，B_i 为总经济效益中某项工作（或某个阶段）所占的份额系数，F_i 为第 i 项工作（阶段）的费用（元），R_i 为第 i 项工作（阶段）的重要性系数，n 为工作项数或阶段数。

（三）评价计算必须准确可靠

为确保对标准化经济效果的评价计算准确可靠，必须做到以下两点：

（1）计算所依据的数据资料是准确可靠的，不能用假设推算的数据。

（2）避免同一效果在不同环节上的重复计算。

总之，计算标准化经济效果既不能夸大，也不能缩小。但在开始进行这项工作时，则应宁可少算，也不要多算。

（四）要抓住重点

产生标准化经济效果的环节和因素很多，在评价、论证或计算时，不能主次不分，面面俱到，应抓住重点。首先应集中分析那些效果大的因素，摒弃那些效果不显著的因素；其次要注意受标准化影响面扩展的效果。

（五）要与我国的经济管理方式和经济核算制度相结合

因为标准化的经济效果渗透在企业各项活动的成果中，进行评价和计算要尽量利用企业经济活动核算的资料和现有的统计资料，这样一方面可以节省进行评价和计算标准化经济效果的费用，另一方面也可以确保所做出的评价与实际情况相符。

二、评价标准化经济效果的程序

评价标准化经济效果，一般可按照以下程序进行：

（一）分析标准化项目实施后的典型效果因素

一项标准的实施可能在某一方面或者某几方面产生效果，所以需要针对该项标准实施前后所发生的变化情况，正确分析这些变化中哪些是由标准化活动带来的，哪些不是由标准化活动产生的。典型效果因素主要包括标准化投资、生产成本、标准化总节约、投资回收期、追加投资回收期、标准化经济效果系数等。

（二）选择评价的基准并确定基准年度

评价标准化经济效果，需要将标准化前后基准年和评价年的各项技术经济指标进行比较。如果被比较的基准选择不当，将影响到评价的准确性和可靠性。应选择已经达到的实际技术经济水平，而不是以原标准的水平作为评价的基准。具体在选择时应遵循以下原则：

（1）初次制定新产品和新工艺标准时，以一个在结构、工艺特性和技术指标上相似的产品的实际生产水平为基准。

（2）修订产品标准时，以原标准达到的全行业的平均实际生产水平为基准。

（3）修订标准如只涉及一个企业时，以该企业原标准达到的实际生产水平为基准。

（三）根据典型效果，分别选择建立相应的计算公式

国家标准《标准化经济效果评价 第1部分：原则与计算方法》（GB/T 3533.1—2009）对实施各类标准获得的年节约的主要公式做了规定，在计算某项标准化活动所产生的年节约时，可根据该项标准在具体方面所带来的实际节约情况，选择相应的计算公式。

（四）收集基准年和评价年的有关基础数据

在评价标准化经济效果时，为了不漏掉重要的效果项目，可制定标准化经济效果评价体系表，供收集数据时参考。体系表中的项目可根据评价时的具体情况来确定。此外，在进行数据收集时应遵循以下原则：

（1）只收集因标准化引起变化的数据资料。

（2）贯彻标准的数据资料须在研制、生产、流通、消费及有关的环节中收集。

（3）应尽可能地利用各有关部门和企业现有的统计资料，并根据标准化工作的需要，逐步建立健全标准化统计制度。

（五）建立评价指标体系

开展标准化活动会产生多方面的经济效果，仅用一个或少数几个指标，只能从一个方面或少数的几个方面对标准化经济效果进行评价。为此，要建立一套指标体系，才能全面、客观地对标准化经济效果进行评价。

（六）根据计算结果进行评价并做出结论

在收集标准化经济效果的数据资料时，应分别填写标准化年节约因素调查表和标准化投资统计表。而在评价、论证与计算标准经济效果时，则应分别填写贯彻标准获得的年节约计算表和标准化经济效果汇总表。

第四节　ISO标准化收益原理的扩展与应用

一、标准化经济效益评价情况的发展

自20世纪60年代以来，ISO同美国、苏联、英国、德国和日本等国家都不同程度地对标准化经济效益评价方法进行了研究。苏联在1975年颁布实施了有关标准化经济效果评价的国家标准，明确了标准化经济效果数据采集与分析方法等，使用定量评价方法评价标准化经济效果。ISO经过多年研究先后发表了《产品国际标准化优先顺序评价》和《标准化经济效果》报告。2010年3月，ISO发布了标准经济效益评估方法。2011年8月，"ISO国际标准经济效益评估"项目启动会在北京召开。自2009年至今，ISO已完成了24个标准经济效益评估项目，涉及船舶、建筑、自动化设备、电气设备、电力传输、信息通信、农业食品贸易、啤酒酿造等15个专业领域。

二、标准化经济效益的表现

（一）提高产品质量是最显著的经济效益

一般而言，质量和效益成正相关关系，只有生产优质的产品才能取得良好的经济效

益。标准则是衡量质量的依据，一流的企业都会根据相关法规标准，结合顾客需求制定自己的产品标准。产品质量与产品标准的形成过程以及产品标准的实施过程有着密切的关系。如果产品标准化工作进展顺利，就能保证生产出质量合格且受顾客欢迎的产品。

（二）提高劳动生产率是最直接的经济效益

效益标准化能最大限度地扩大有用劳动成果的重复利用，减少劳动耗费。劳动效率的高低与劳动者所从事的工作的熟练程度有关，在固有岗位上对工作越熟悉，劳动效率也就越高。如果将工作程序和工作方法等制定成标准，有利于劳动者形成习惯，熟练度自然会提高。

先进的生产组织形式和先进技术应用在工艺上是提高效率的决定性因素。例如，专业化、自动化的生产设备效率极高，但是只有具备生产批量性和零件的统一互换性才能发挥作用。

标准也可用于简化企业内部流程，以提高效率，降低与供应商和客户之间的交易成本。

（三）合理发展产品品种是标准化经济效益的又一表现

标准化可以帮助企业合理发展产品品种。其一是通过标准化淘汰一些重复的落后品种规格。二是为开发新产品和开拓新市场打下基础，为短缺的、先进的新品种的发展提供条件，加快新产品的研发速度，使企业对市场和顾客需求做出迅速回应，提升企业在市场上的竞争能力；关键标准能在一个公司形成或进入新市场的过程中发挥核心作用，它确保了潜在客户能够对新技术有信心。

三、ISO 评价标准经济效益的方法论的相关概念

（一）价值链

价值链概念最早是由美国学者迈克尔·波特于 1985 年在其著作《竞争优势》中提出的。价值链是指一连串与产生某些输出、产品或服务相关的活动。作业的输出按照固定顺序贯穿价值链各个阶段的活动，并在每个阶段获得增值。

企业的价值创造是通过一系列活动构成的，包括内部后勤、生产作业、市场销售、技术开发等等，这些互不相同但又相互关联的生产经营活动，构成了一个创造价值的动态过程，即价值链。

（二）产业价值链

产业为满足用户需求而实现价值所形成的链条。它以产业链为基础，从整体角度分析产业链中各环节的价值创造活动及其影响价值创造的核心因素。

每个企业都处在产业链中的某一环节，一个企业要赢得和维持竞争优势不仅取决于

其内部价值链，而且取决于在一个更大的价值系统（即产业价值链）中，一个企业的价值链同其供应商、销售商以及顾客价值链之间的连接。

◆◆ **思考题**

1. 简述标准化产生经济效果的机理。
2. 简述评价标准化经济效果的原则。
3. 简述评价标准化经济效果的程序。

本章参考文献

舒辉. 标准化管理 [M]. 北京：北京大学出版社，2016.

附　录

中华人民共和国标准化法

1988 年 12 月 29 日第七届全国人民代表大会常务委员会第五次会议通过

2017 年 11 月 4 日第十二届全国人民代表大会常务委员会第三十次会议修订

第一章 总　则

第一条

为了加强标准化工作，提升产品和服务质量，促进科学技术进步，保障人身健康和生命财产安全，维护国家安全、生态环境安全，提高经济社会发展水平，制定本法。

第二条

本法所称标准（含标准样品），是指农业、工业、服务业以及社会事业等领域需要统一的技术要求。标准包括国家标准、行业标准、地方标准和团体标准、企业标准。国家标准分为强制性标准、推荐性标准，行业标准、地方标准是推荐性标准。强制性标准必须执行。国家鼓励采用推荐性标准。

第三条

标准化工作的任务是制定标准、组织实施标准以及对标准的制定、实施进行监督。县级以上人民政府应当将标准化工作纳入本级国民经济和社会发展规划，将标准化工作经费纳入本级预算。

第四条

制定标准应当在科学技术研究成果和社会实践经验的基础上，深入调查论证，广泛征求意见，保证标准的科学性、规范性、时效性，提高标准质量。

第五条

国务院标准化行政主管部门统一管理全国标准化工作。国务院有关行政主管部门分工管理本部门、本行业的标准化工作。县级以上地方人民政府标准化行政主管部门统一管理本行政区域内的标准化工作。县级以上地方人民政府有关行政主管部门分工管理本行政区域内本部门、本行业的标准化工作。

第六条

国务院建立标准化协调机制，统筹推进标准化重大改革，研究标准化重大政策，对跨部门跨领域、存在重大争议标准的制定和实施进行协调。设区的市级以上地方人民政府可以根据工作需要建立标准化协调机制，统筹协调本行政区域内标准化工作重大事项。

第七条

国家鼓励企业、社会团体和教育、科研机构等开展或者参与标准化工作。

第八条

国家积极推动参与国际标准化活动，开展标准化对外合作与交流，参与制定国际标准，结合国情采用国际标准，推进中国标准与国外标准之间的转化运用。国家鼓励企业、社会团体和教育、科研机构等参与国际标准化活动。

第九条

对在标准化工作中做出显著成绩的单位和个人，按照国家有关规定给予表彰和奖励。

第二章　标准的制定

第十条

对保障人身健康和生命财产安全、国家安全、生态环境安全以及满足经济社会管理基本需要的技术要求，应当制定强制性国家标准。国务院有关行政主管部门依据职责负责强制性国家标准的项目提出、组织起草、征求意见和技术审查。国务院标准化行政主管部门负责强制性国家标准的立项、编号和对外通报。国务院标准化行政主管部门应当对拟制定的强制性国家标准是否符合前款规定进行立项审查，对符合前款规定的予以立项。省、自治区、直辖市人民政府标准化行政主管部门可以向国务院标准化行政主管部门提出强制性国家标准的立项建议，由国务院标准化行政主管部门会同国务院有关行政主管部门决定。社会团体、企业事业组织以及公民可以向国务院标准化行政主管部门提出强制性国家标准的立项建议，国务院标准化行政主管部门认为需要立项的，会同国务院有关行政主管部门决定。强制性国家标准由国务院批准发布或者授权批准发布。法律、行政法规和国务院决定对强制性标准的制定另有规定的，从其规定。

第十一条

对满足基础通用、与强制性国家标准配套、对各有关行业起引领作用等需要的技术要求，可以制定推荐性国家标准。推荐性国家标准由国务院标准化行政主管部门制定。

第十二条

对没有推荐性国家标准、需要在全国某个行业范围内统一的技术要求，可以制定行业标准。行业标准由国务院有关行政主管部门制定，报国务院标准化行政主管部门备案。

第十三条

为满足地方自然条件、风俗习惯等特殊技术要求，可以制定地方标准。地方标准由省、自治区、直辖市人民政府标准化行政主管部门制定；设区的市级人民政府标准化行政主管部门根据本行政区域的特殊需要，经所在地省、自治区、直辖市人民政府标准化行政主管部门批准，可以制定本行政区域的地方标准。地方标准由省、自治区、直辖市人民政府标准化行政主管部门报国务院标准化行政主管部门备案，由国务院标准化行政主管部门通报国务院有关行政主管部门。

第十四条

对保障人身健康和生命财产安全、国家安全、生态环境安全以及经济社会发展所急需的标准项目，制定标准的行政主管部门应当优先立项并及时完成。

第十五条

制定强制性标准、推荐性标准，应当在立项时对有关行政主管部门、企业、社会团体、消费者和教育、科研机构等方面的实际需求进行调查，对制定标准的必要性、可行性进行论证评估；在制定过程中，应当按照便捷有效的原则采取多种方式征求意见，组织对标准相关事项进行调查分析、实验、论证，并做到有关标准之间的协调配套。

第十六条

制定推荐性标准，应当组织由相关方组成的标准化技术委员会，承担标准的起草、技术审查工作。制定强制性标准，可以委托相关标准化技术委员会承担标准的起草、技术审查工作。未组成标准化技术委员会的，应当成立专家组承担相关标准的起草、技术审查工作。标准化技术委员会和专家组的组成应当具有广泛代表性。

第十七条

强制性标准文本应当免费向社会公开。国家推动免费向社会公开推荐性标准文本。

第十八条

国家鼓励学会、协会、商会、联合会、产业技术联盟等社会团体协调相关市场主体共同制定满足市场和创新需要的团体标准，由本团体成员约定采用或者按照本团体的规定供社会自愿采用。制定团体标准，应当遵循开放、透明、公平的原则，保证各参与主体获取相关信息，反映各参与主体的共同需求，并应当组织对标准相关事项进行调查分析、实验、论证。国务院标准化行政主管部门会同国务院有关行政主管部门对团体标准的制定进行规范、引导和监督。

第十九条

企业可以根据需要自行制定企业标准，或者与其他企业联合制定企业标准。

第二十条

国家支持在重要行业、战略性新兴产业、关键共性技术等领域利用自主创新技术制定团体标准、企业标准。

第二十一条

推荐性国家标准、行业标准、地方标准、团体标准、企业标准的技术要求不得低于强制性国家标准的相关技术要求。国家鼓励社会团体、企业制定高于推荐性标准相关技术要求的团体标准、企业标准。

第二十二条

制定标准应当有利于科学合理利用资源，推广科学技术成果，增强产品的安全性、通用性、可替换性，提高经济效益、社会效益、生态效益，做到技术上先进、经济上合理。禁止利用标准实施妨碍商品、服务自由流通等排除、限制市场竞争的行为。

第二十三条

国家推进标准化军民融合和资源共享，提升军民标准通用化水平，积极推动在国防和军队建设中采用先进适用的民用标准，并将先进适用的军用标准转化为民用标准。

第二十四条

标准应当按照编号规则进行编号。标准的编号规则由国务院标准化行政主管部门制定并公布。

第三章　标准的实施

第二十五条

不符合强制性标准的产品、服务，不得生产、销售、进口或者提供。

第二十六条

出口产品、服务的技术要求，按照合同的约定执行。

第二十七条

国家实行团体标准、企业标准自我声明公开和监督制度。企业应当公开其执行的强制性标准、推荐性标准、团体标准或者企业标准的编号和名称；企业执行自行制定的企业标准的，还应当公开产品、服务的功能指标和产品的性能指标。国家鼓励团体标准、企业标准通过标准信息公共服务平台向社会公开。企业应当按照标准组织生产经营活动，其生产的产品、提供的服务应当符合企业公开标准的技术要求。

第二十八条

企业研制新产品、改进产品，进行技术改造，应当符合本法规定的标准化要求。

第二十九条

国家建立强制性标准实施情况统计分析报告制度。国务院标准化行政主管部门和国务院有关行政主管部门、设区的市级以上地方人民政府标准化行政主管部门应当建立标准实施信息反馈和评估机制，根据反馈和评估情况对其制定的标准进行复审。标准的复审周期一般不超过五年。经过复审，对不适应经济社会发展需要和技术进步的应当及时修订或者废止。

第三十条

国务院标准化行政主管部门根据标准实施信息反馈、评估、复审情况，对有关标准之间重复交叉或者不衔接配套的，应当会同国务院有关行政主管部门做出处理或者通过国务院标准化协调机制处理。

第三十一条

县级以上人民政府应当支持开展标准化试点示范和宣传工作，传播标准化理念，推广标准化经验，推动全社会运用标准化方式组织生产、经营、管理和服务，发挥标准对促进转型升级、引领创新驱动的支撑作用。

第四章　监督管理

第三十二条

县级以上人民政府标准化行政主管部门、有关行政主管部门依据法定职责，对标准的制定进行指导和监督，对标准的实施进行监督检查。

第三十三条

国务院有关行政主管部门在标准制定、实施过程中出现争议的，由国务院标准化行政主管部门组织协商；协商不成的，由国务院标准化协调机制解决。

第三十四条

国务院有关行政主管部门、设区的市级以上地方人民政府标准化行政主管部门未依照本法规定对标准进行编号、复审或者备案的，国务院标准化行政主管部门应当要求其说明情况，并限期改正。

第三十五条

任何单位或者个人有权向标准化行政主管部门、有关行政主管部门举报、投诉违反本法规定的行为。标准化行政主管部门、有关行政主管部门应当向社会公开受理举报、投诉的电话、信箱或者电子邮件地址，并安排人员受理举报、投诉。对实名举报人或者投诉人，受理举报、投诉的行政主管部门应当告知处理结果，为举报人保密，并按照国家有关规定对举报人给予奖励。

第五章 法律责任

第三十六条

生产、销售、进口产品或者提供服务不符合强制性标准，或者企业生产的产品、提供的服务不符合其公开标准的技术要求的，依法承担民事责任。

第三十七条

生产、销售、进口产品或者提供服务不符合强制性标准的，依照《中华人民共和国产品质量法》《中华人民共和国进出口商品检验法》《中华人民共和国消费者权益保护法》等法律、行政法规的规定查处，记入信用记录，并依照有关法律、行政法规的规定予以公示；构成犯罪的，依法追究刑事责任。

第三十八条

企业未依照本法规定公开其执行的标准的，由标准化行政主管部门责令限期改正；逾期不改正的，在标准信息公共服务平台上公示。

第三十九条

国务院有关行政主管部门、设区的市级以上地方人民政府标准化行政主管部门制定的标准不符合本法第二十一条第一款、第二十二条第一款规定的，应当及时改正；拒不改正的，由国务院标准化行政主管部门公告废止相关标准；对负有责任的领导人员和直接责任人员依法给予处分。社会团体、企业制定的标准不符合本法第二十一条第一款、第二十二条第一款规定的，由标准化行政主管部门责令限期改正；逾期不改正的，由省级以上人民政府标准化行政主管部门废止相关标准，并在标准信息公共服务平台上公示。违反本法第二十二条第二款规定，利用标准实施排除、限制市场竞争行为的，依照《中华人民共和国反垄断法》等法律、行政法规的规定处理。

第四十条

国务院有关行政主管部门、设区的市级以上地方人民政府标准化行政主管部门未依照本法规定对标准进行编号或者备案，又未依照本法第三十四条的规定改正的，由国务院标准化行政主管部门撤销相关标准编号或者公告废止未备案标准；对负有责任的领导人员和直接责任人员依法给予处分。国务院有关行政主管部门、设区的市级以上地方人民政府标准化行政主管部门未依照本法规定对其制定的标准进行复审，又未依照本法第三十四条的规定改正的，对负有责任的领导人员和直接责任人员依法给予处分。

第四十一条

国务院标准化行政主管部门未依照本法第十条第二款规定对制定强制性国家标准的项目予以立项，制定的标准不符合本法第二十一条第一款、第二十二条第一款规定，或者未依照本法规定对标准进行编号、复审或者予以备案的，应当及时改正；对负有责任的领导人员和直接责任人员可以依法给予处分。

第四十二条

社会团体、企业未依照本法规定对团体标准或者企业标准进行编号的，由标准化行政主管部门责令限期改正；逾期不改正的，由省级以上人民政府标准化行政主管部门撤销相关标准编号，并在标准信息公共服务平台上公示。

第四十三条

标准化工作的监督、管理人员滥用职权、玩忽职守、徇私舞弊的，依法给予处分；构成犯罪的，依法追究刑事责任。

第六章　附　　则

第四十四条

军用标准的制定、实施和监督办法，由国务院、中央军事委员会另行制定。

第四十五条

本法自 2018 年 1 月 1 日起施行。

附录2

ICS 01.120
A 00

GB

中华人民共和国国家标准

GB/T 3533.1—2017
代替 GB/T 3533.1—2009

标准化效益评价 第 1 部分：
经济效益评价通则

Standardization benefit evaluation—Part 1: General
principles of economic benefit evaluation

2017-05-12 发布 2017-12-01 实施

中华人民共和国国家质量监督检验检疫总局
中国国家标准化管理委员会 发布

GB/T 3533.1—2017

目　　次

前言 …… I

1　范围 ……………………………………………………………………………………………………… 1

2　规范性引用文件 ………………………………………………………………………………………… 1

3　术语和定义 ……………………………………………………………………………………………… 1

4　评价、计算和论证标准化经济效益的原则 …………………………………………………………… 2

　　4.1　评价和计算标准化经济效益的原则 …………………………………………………………… 2

　　4.2　论证标准化经济效益的原则 …………………………………………………………………… 2

　　4.3　预测、评价和计算标准化经济效益的时机 …………………………………………………… 2

5　评价和计算标准化经济效益的方法 …………………………………………………………………… 3

　　5.1　价值链分析法 …………………………………………………………………………………… 3

　　5.2　生产函数法 ……………………………………………………………………………………… 3

　　5.3　模糊综合评价法 ………………………………………………………………………………… 3

6　标准化经济效益指标的计算 …………………………………………………………………………… 4

　　6.1　标准化经济效益指标的基础计算 ……………………………………………………………… 4

　　6.2　标准化经济效益指标的动态计算 ……………………………………………………………… 4

附录 A（资料性附录）　标准化经济效益的论证方法 ………………………………………………… 5

附录 B（资料性附录）　标准化经济效益论证表的范例 ……………………………………………… 6

附录 C（规范性附录）　C-D 生产函数模型 …………………………………………………………… 7

附录 D（规范性附录）　价值链各环节的标准化有用效果指标 ……………………………………… 8

附录 E（资料性附录）　标准化有用效果主要指标的计算公式 ……………………………………… 11

附录 F（规范性附录）　标准化经济效益指标的计算 ………………………………………………… 18

附录 G（规范性附录）　标准化节约与投资的动态计算公式和折算系数表 ………………………… 20

参考文献 ………………………………………………………………………………………………… 22

GB/T 3533.1—2017

前　言

GB/T 3533《标准化效益评价》拟分为如下两个部分：

——第 1 部分：经济效益评价通则；

——第 2 部分：社会效益评价通则。

本部分为 GB/T 3533 的第 1 部分。

本部分按照 GB/T 1.1—2009 给出的规则起草。

本部分代替 GB/T 3533.1—2009，与 GB/T 3533.1—2009 相比，除编辑性修改外主要技术变化如下：

——标准全文把"效果"修改为"效益"，"效益"修改为"效率"；

——标准的范围修改为"本部分适用于预测、评价和计算实施标准的经济效益。"；

——修改了 7 个术语，即"标准化劳动耗费"（见 3.2）、"标准化有用效果"（见 3.1）；"标准化投资回收期"（见 3.9）、"标准化投资收益率"（见 3.10）、"基准年"（见 3.5）、"评价年"（见 3.6）；将术语"标准化经济效果"（见 2009 版中 3.1）修改为"标准化经济效益"（见 3.3），"标准化经济效益"（见 2009 版中 3.4）修改为"标准化经济效率"（见 3.4）；增加了术语"价值驱动因素"的定义（见 3.11）；删除了术语"标准化经济效果系数"（见 2009 版中 3.7）；

——删除了 2009 版中第 4 章；

——将 2009 版中第 6 章与第 5 章合并成为 4.3；

——将 2009 版中第 7 章并入本部分的附录 A，成为 A.3；

——增加了从国家、行业、企业层面进行标准化经济效益评价的原则和方法；

——删除了 2009 版中附录 A"标准化经济效果的符号"，修改为"标准化经济效益的论证方法"；

——附录 B 修改为"标准化经济效益论证表的范例"；

——增加了附录 C"C-D 生产函数模型"；

——附录 D 修改为"价值链各环节的标准化有用效果指标"；

——附录 E 修改为"标准化有用效果主要指标的计算公式"，由规范性附录修改为资料性附录；

——增加了附录 F 标准化经济效益指标的计算；

——2009 版中附录 B"标准化节约与投资的动态计算公式和折算系数表"修改为本部分的附录 G。

请注意本文件的某些内容可能涉及专利。本文件的发布机构不承担识别这些专利的责任。

本部分由全国标准化原理与方法标准化技术委员会（SAC/TC 286）提出并归口。

本部分起草单位：中国标准化研究院、中国人民解放军国防科学技术大学、机械工业仪器仪表综合技术经济研究所、海尔集团。

本部分主要起草人：付强、王益谊、黄朝峰、欧阳劲松、逄征虎、刘辉、王丽君、吴学静、赵文慧、纪建强。

本部分所代替标准的历次版本发布情况为：

——GB/T 3533.1—1983、GB/T 3533.1—2009；

——GB/T 3533.2—1984。

标准化效益评价　第 1 部分：
经济效益评价通则

1　范围

GB/T 3533 的本部分规定了评价、计算和论证标准化经济效益的原则和方法。

本部分适用于预测、评价和计算实施标准的经济效益。

2　规范性引用文件

下列文件对于本文件的应用是必不可少的。凡是注日期的引用文件，仅注日期的版本适用于本文件。凡是不注日期的引用文件，其最新版本（包括所有的修改单）适用于本文件。

GB/T 3533.3　评价和计算标准化经济效果　数据资料的收集和处理方法

3　术语和定义

下列术语和定义适用于本文件。

3.1

标准化有用效果　useful effect of standardization

制定与实施标准所获得的节约和有益结果，例如，产品产量的提高、采购/生产和交易成本的降低、市场规模的扩大、生产和工程效率的提高和各种活动时间的减少等。

注：本标准中的制定含修订。

3.2

标准化劳动耗费　labor use of standardization

制定与实施标准所付出的活劳动与物化劳动耗费的总和，即标准化投资。

注：活劳动耗费是指劳动者进行该项技术活动、生产建设所消耗的劳动量，指劳动投入；物化劳动耗费是指原材料、动力、工具等的直接消耗和设备、厂房、流动资金等的占用，指资本投入。

3.3

标准化经济效益　economic benefit of standardization

标准化有用效果(3.1)与标准化劳动耗费(3.2)的差。

3.4

标准化经济效率　economic efficiency of standardization

标准化有用效果(3.1)与标准化劳动耗费(3.2)的比。

3.5

基准年　benchmark year

评价标准化经济效益(3.3)和标准化经济效率(3.4)时，将实施标准前作为比较的基准年度。

3.6

评价年　valuation year

评价标准化经济效益(3.3)和标准化经济效率(3.4)时，实施标准后与基准年(3.5)进行比较的年度。

GB/T 3533.1—2017

3.7

标准存量　standard stock

截至某一时间节点（通常是年）的现行有效标准的数量。

注：现行有效标准指仍在标准有效期内，尚未被废止或代替的标准。

3.8

标准有效期　validity period of standard

从该标准的负责机构决定它生效之日起直到它被废止或代替之日为止所经历的时间。

3.9

标准化投资回收期　period of return on investment of standardization

标准有效期(3.8)内实施标准所获得的年**标准化经济效益**(3.3)偿还**标准化劳动耗费**(3.2)所需的时间。

3.10

标准化投资收益率　rate of return on investment of standardization

实施标准所获得的**标准化经济效益**(3.3)与**标准化劳动耗费**(3.2)的比。

3.11

价值驱动因素　value driver

对价值链的某环节起关键作用的价值要素。

4　评价、计算和论证标准化经济效益的原则

4.1　评价和计算标准化经济效益的原则

评价和计算标准化经济效益应遵循以下原则：

——充分考虑现代科学技术的发展及我国的国情；

——与我国的经济管理与经济核算制度相结合；

——着眼于生产领域和非生产领域的经济效益；

——依据准确可靠的数据，并避免同一经济效益在不同环节上的重复计算；

——评价和计算标准化经济效益的方法应通俗、实用、简便易行；

—— 集中分析效益显著的项目，注意受标准化影响而扩展的效益项目。

4.2　论证标准化经济效益的原则

凡列入标准化规划、计划的项目，应在经济上是合理的。标准化经济效益的论证宜遵循如下原则：

——在确定标准计划项目时或标准立项前，除考虑标准配套和技术先进性外，宜预测实施标准将产生的经济效益，对于经济效益高、投资回收期短的项目或标准宜优先立项；

——宜对拟立项的标准进行详细的经济效益论证，并将论证结果列入标准项目建议书；

——标准经济效益的论证可以有多种方案，参见附录A；

——凡不能定量计算经济效益的标准化项目或标准，在列入规划、计划或标准立项之前，宜以文字叙述或图表形式，定性地阐述实施该项目或标准后可能产生的经济效益；

——拟立项的标准或项目如不能进行经济效益论证，宜写明理由和依据。

4.3　预测、评价和计算标准化经济效益的时机

宜在以下几个时机预测、评价和计算标准化经济效益。

a) 提出标准化规划、计划项目时。拟立项的标准在预研阶段宜调查并预测标准化经济效益。预测标准化的经济效益宜参见附录A。

b) 审查报批标准时。在召开标准审查会(或函审)时,标准起草组宜详细说明经济效益论证的结果,并审议其经济上的合理性。标准报批前,负责批准该项标准的主管部门宜对论证和审查的结果进行复核,由起草组将其论证结果填入标准化经济效益论证表(格式参见附录 B),随标准报批稿一起上报。

c) 标准实施后。通过将评价年与基准年的经济效益指标比较,计算实施该标准获得的经济效益,按第 6 章和 GB/T 3533.3 的要求对标准实施后的经济效益进行计算和评价。

5　评价和计算标准化经济效益的方法

5.1　价值链分析法

5.1.1　价值链分析法适用于企业和行业层面的标准化经济效益评价。

价值链是指与生产产品、服务或某种输出相关的一连串活动。作业的输出按固定顺序贯穿价值链各阶段,并在各阶段获得增值。价值链分析法是通过将企业内部结构分解为基本活动以及相关的辅助活动方式来分析组织盈利模式的方法。应用价值链分析方法分析企业标准化经济效益,宜按以下 4 个步骤进行:

a) 了解企业价值链。明确产业边界,分析企业价值链,识别企业主要业务功能。

b) 识别标准的影响。识别标准对主要业务功能及其相关活动的影响,选择相关营运指标以识别标准的主要影响。

c) 确定价值驱动因素和关键营运指标。识别价值驱动因素,以便重点评价最相关的标准影响。为每个价值驱动因素找到一个关键绩效指标并转换为成本或收入。

d) 衡量标准的影响。量化最相关标准的影响。计算每一标准对息税前利润(EBIT)的影响,整合结果,计算对企业的总影响。

5.1.2　行业层面标准化经济效益评价,可通过将选取的若干样本企业数据推广到行业层面获得。

5.2　生产函数法

5.2.1　生产函数法适用于行业和国家层面的标准化经济效益评价。

5.2.2　标准对经济增长的促进作用,可用生产函数模型测算得到。应用生产函数方法计算和评估标准对经济增长的影响,应把行业(或国家)的标准存量数据作为投入要素,并与资本投入、劳动投入一起共同构成对行业(或国家)经济效益发挥作用的因素,采用增长核算方法或计量经济方法,对标准产生的作用进行定量测量。目前,宜用 C-D 生产函数模型计算标准对我国宏观和中观经济增长的促进作用,计算过程见附录 C。附录 C 给出了 C-D 生产函数模型计算标准经济效益的过程。

5.3　模糊综合评价法

5.3.1　模糊综合评价法适用于行业和国家层面的标准化经济效益评价。

5.3.2　模糊综合评价法是一种基于模糊数学理论的综合评价方法,该综合评价法根据模糊数学的隶属度理论把定性评价转化为定量评价。模糊综合评价方法在建立标准化经济效益评估指标体系基础上,采用层次分析法(AHP)确定权重,并根据调查问卷所得到的数据进行模糊综合评价。包括如下几个步骤:

a) 设计行业标准化经济效益评价指标体系;

b) 为各指标权重赋值,确定各指标之间的相对重要性;

c) 设定评价等级;

d) 确定模糊综合评判矩阵;

e) 进行逐层模糊评价;

GB/T 3533.1—2017

    f) 得出评价结论。

6 标准化经济效益指标的计算

6.1 标准化经济效益指标的基础计算

6.1.1 标准化各类有用效果指标的分析见附录 D。附录 D 给出了价值链各环节标准化有用效果指标、对价值驱动因素的分析及对结果的评价和整合。

6.1.2 标准化主要有用效果指标的计算参见附录 E。附录 E 给出了标准化有用效果的主要指标的计算公式。

6.1.3 标准化经济效益指标的计算见附录 F。附录 F 给出了标准化经济效益指标的计算公式。

6.1.4 标准化经济效益指标的量和单位。标准化经济效益的评价指标应采用货币单位或自然单位(千克、千瓦、米、小时等)来表示,如无法进行定量计算时,可用文字或图表补充说明。

6.2 标准化经济效益指标的动态计算

    在标准有效期内评价总的标准化经济效益时,对投资数额较大、效益延续时间较长的标准项目,应采用动态计算。各年度的节约或投资应折算成相同年度的数额进行比较。计算公式见附录 G。

GBT 3533.1—2017

附　录　A
（资料性附录）
标准化经济效益的论证方法

标准化经济效益的论证宜采用方案比较法。方案比较法是对标准实施前和实施后（包括修订标准前、后）的经济效益情况进行分析比较,确定实施标准的实际经济效益。

A.1　方案分析

根据不同的技术、经济指标（如:技术参数、质量指标、系列参数、试验方法、工艺要求、标准化投资、产品生产量、生产成本、标准化经济效益等）确定若干方案进行综合分析比较。

A.2　方案选择

在对各方案进行综合分析的基础上,计算出标准化投资、生产成本、标准化总节约、投资回收期等指标,根据节约的最大值或投资的最小值,选取最佳方案。

A.3　论证基准选择

初次制定的新产品和新工艺标准,用一个在结构、工艺特性和技术指标上相似产品的实际生产水平作为基准;修订许多企业生产的产品标准,用原标准达到的全行业平均实际生产水平为基准,如只涉及一个企业时,用该企业原标准达到的实际生产水平为基准。根据选定的基准,确定基准年度。

GB/T 3533.1—2017

附 录 B
（资料性附录）
标准化经济效益论证表的范例

表 B.1 给出了标准化经济效益论证表的范例。

表 B.1 标准化经济效益论证表范例

指标名称	方案		
	Ⅰ	Ⅱ	Ⅲ
预计标准化投资 K/万元			
预计年生产成本 C/万元			
预计标准化总节约 ΣJ/万元			
预计总经济效益 X_{Σ}/万元			
预计年经济效益 X_a/万元			
标准化投资回收期 T_K/年			
追加投资回收期 t_K/年			
标准化经济效益系数 E			
注 1：标准经济效益的论证可以有多种方案。			
注 2：方案的选择参见附录 A。			

文字说明：

结论意见：

填表人　　　　填表日期　　　　年　　月　　日

附　录　C

（规范性附录）

C-D 生产函数模型

国家和行业层面的标准经济效益可通过 C-D 生产函数模型获得，C-D 生产函数模型如式（C.1）所示：

$$Y_t = A \times P_t^\lambda \times S_t^\theta \times K_t^\alpha \times L_t^\beta \qquad \cdots\cdots\cdots\cdots\cdots\cdots\cdots\cdots（C.1）$$

式中：

Y_t ——t 时刻的经济产出；

A ——常量，技术变动因素；

P_t ——t 时刻的专利存量；

S_t ——t 时刻的标准存量；

K_t ——t 时刻的资本投入；

L_t ——t 时刻的劳动投入。

$\alpha, \beta, \lambda, \theta$ 分别为资本投入、劳动投入、专利存量和标准存量对产出的弹性系数。

对式（C.1）两边取自然对数，加入回归误差项 u_t，得到式（C.1）的回归模型式（C.2）：

$$\ln Y_t = \ln A + \lambda \ln P_t + \theta \ln S_t + \alpha \ln K_t + \beta L_t + u_t \qquad \cdots\cdots\cdots\cdots\cdots\cdots（C.2）$$

式中：

u_t ——回归误差项。

利用线性回归模型参数估计方法，估计出标准对经济产出的弹性系数 θ。

——若 $\theta > 0$，则表明标准化对经济产出有正面影响；

——若 $\theta < 0$，则表明标准化对经济产出有负面影响；

——若 $\theta = 0$，表明标准化对经济产出无影响；

$|\theta|$ 的大小反映了影响的强弱程度。

GB/T 3533.1—2017

附　录　D

（规范性附录）

价值链各环节的标准化有用效果指标

D.1　管理阶段

管理阶段可产生：
——招聘费用的减少；
——员工培训时间的缩短；
——员工培训费用的减少；
——人力资源管理的人力成本的节约；
——财务费用的节约；
——流动资金占用的减少；
——政府罚款的避免；
——员工职业病伤害损失额的减少；
——信息系统构建与维护的节约等。

D.2　研发阶段

研发阶段可产生：
——新产品研发时间的缩短；
——工艺设计时间的缩短；
——设计误差的减少；
——设计成本的降低；
——企业专利的增加；
——实验、试验费用的减少等。

D.3　工程阶段

工程阶段可产生：
——工程中标率的提高；
——工程建设工期的缩短；
——工程质量的提高；
——工程成本的降低等。

D.4　采购阶段

采购阶段可产生：
——采购产品质量的提高；
——采购品种的减少；
——采购时间的减少；

　　——采购人员成本的减少；

　　——采购的原材料/零配件成本的减少等。

D.5　入厂物流阶段

入厂物流阶段可产生：

　　——原材料/零配件仓储费用的节约；

　　——库存周转率的增加；

　　——仓库面积利用率的增加；

　　——仓库容积利用率的增加；

　　——原材料入库时间的缩短、入库成本的降低；

　　——原材料/零配件质检时间和成本的减少；

　　——原材料/零配件退货次数的减少；

　　　　零配件种类的减少；

　　——信息沟通时间的缩短等。

D.6　生产/运营阶段

生产/运营阶段可产生：

　　——产品合格率的提高；

　　——产品合格率提高获得的节约；

　　——材料费的节约；

　　——耗能设备燃料、动力的节约；

　　——用标准件、通用件代替专用件获得的节约；

　　　　采用标准零部件减少工艺装备的节约；

　　——标准化使产品或零部件品种数变化获得的节约；

　　——制造工时费的节约；

　　——折旧费的节约；

　　——间接费(包括车间经费和企业管理费)的节约；

　　——维修费的节约；

　　——企业劳动生产率的提高；

　　——生产准备时间的减少；

　　——生产周期的缩短；

　　——设备故障率的降低；

　　——生产批量的增加；

　　——模具投入费用的减少；

　　——设备故障率的降低等。

D.7　出厂物流阶段

出厂物流阶段可产生：

　　——产成品仓储费用的减少；

　　——库存周转率的增加；

GB/T 3533.1—2017

——仓库面积利用率的增加；
——仓库容积利用率的增加；
——产成品包装费用的节约；
——产品运输成本的减少；
——产品出厂运输准备时间的减少；
——信息沟通时间的缩短；
——包装容器周转次数增加获得的节约；
——产品运输中损耗的节约；
——员工培训时间的缩短等。

D.8 营销和销售阶段

营销和销售阶段可产生：
——销售额的增加；
——销售量的增加；
——销售费用的节约；
——内部信息沟通效率的提高；
——员工培训时间的缩短；
——渠道关系的维护成本的降低；
——市场开拓时间的缩短；
——达成协议时间的缩短等。

D.9 售后阶段

售后阶段可产生：
——售后服务人员数量的减少；
——售后服务工时数的减少；
——顾客满意度的增加；
——员工培训时间的缩短等。

附　录　E
（资料性附录）
标准化有用效果主要指标的计算公式

E.1　设计（工艺文件等）费用的节约

E.1.1　采用标准设计方法，设计费用的节约见式（E.1）：

$$J_s = Q_{s0}T_{s0}F_{g0} - Q_{s1}T_{s1}F_{g1} \qquad\cdots\cdots\cdots\cdots\cdots\cdots（E.1）$$

式中：

J_s　——设计费用的年节约，单位为元/年；

$Q_{s0}、Q_{s1}$——标准化前、后年设计（或工艺）图纸量（折合成 4 号图纸），单位为张/年；

$T_{s0}、T_{s1}$——标准化前、后设计（或工艺）图纸文件（折合成 4 号图纸）的工时，单位为小时/张；

$F_{g0}、F_{g1}$——标准化前、后设计绘图（工艺编制、描图、定额制定）工时费，单位为元/小时。

E.1.2　采用产品系列设计，减少图纸量和编制工艺文件费用的节约见式（E.2）：

$$J_s = \sum_{i=1}^{n}(Q_{s0i} - Q_{s1i})T_{si}F_{gi} \qquad\cdots\cdots\cdots\cdots\cdots\cdots（E.2）$$

式中：

J_s——减少图纸量和编制工艺文件费用的节约，单位为元/年；

T_s——设计（或工艺）图纸文件每张图纸（折合成 4 号图纸）的工时，单位为小时/张；

F_g——设计绘图（工艺编制、描图、定额制定）工时费，单位为元/小时；

$i=1,2,\cdots\cdots n$ 分别表示绘图、描图、工艺编制等项目。

E.1.3　采用标准设计后图纸和工艺文件复制费的节约见式（E.3）：

$$J_s = Q_P Q_D(D_D + Q_L D_L) \qquad\cdots\cdots\cdots\cdots\cdots\cdots（E.3）$$

式中：

J_s　——图纸文件复制费的年节约，单位为元/年；

Q_P　——减少的产品、零件种数，单位为台/年、件/年；

Q_D　——底图数（折合成 4 号图纸），单位为张/台、张/件；

Q_L　——每张底图复制蓝图的张数，单位为张/张；

$D_D、D_L$——4 号图纸的底图、蓝图的单价，单位为元/张。

E.2　材料费的节约

E.2.1　实施标准，降低原材料消耗定额或使用廉价原材料获得的节约见式（E.4）：

$$J_c = Q_1(e_{c0}D_{c0} - e_{c1}D_{c1}) \qquad\cdots\cdots\cdots\cdots\cdots\cdots（E.4）$$

式中：

J_c　——原材料费用的年节约，单位为元/年；

Q_1　——标准化后产品年产量，单位为件/年；

$e_{c0}、e_{c1}$——标准化前、后原材料消耗定额，单位为千克/件；

$D_{c0}、D_{c1}$——标准化前、后原材料单价，单位为元/千克。

E.2.2　实施标准，提高原材料利用率的节约见式（E.5）：

$$J_c = Q_{c1}(R_{c1} - R_{c0})(D_c - D_y) \qquad\cdots\cdots\cdots\cdots\cdots\cdots（E.5）$$

GB/T 3533.1—2017

式中：

Q_{c1} ——标准化后原材料年消耗量,单位为千克/年;

R_{c0}、R_{c1} ——标准化前、后原材料利用率,用百分数(%)表示;

D_e ——原材料单价,单位为元/千克;

D_y ——下脚料单价,单位为元/千克。

E.3 燃料、动力的节约

E.3.1 实施标准,耗能设备燃料、动力的节约见式(E.6):

$$J_d = \alpha Q_d D_d (W_0 T_{d0} - W_1 T_{d1}) \quad \cdots\cdots\cdots\cdots\cdots (E.6)$$

式中：

J_d ——燃料、动力的年节约,单位为元/年;

α ——设备利用系数;

Q_d ——数量,单位为台、件;

D_d ——燃料、动力的单价,单位为元/度、元/千克;

W_0、W_1 ——标准化前、后单台设备或产品额定功率,单位为千瓦;

T_{d0}、T_{d1} ——标准化前、后设备运行或产品使用时间,单位为小时/年。

E.3.2 实施标准,提高设备热效率获得的节约见式(E.7):

$$J_d = (\eta_1 - \eta_0) W D_d R_d T_d \quad \cdots\cdots\cdots\cdots\cdots (E.7)$$

式中：

η_0、η_1 ——标准化前、后设备的热效率,用百分数(%)表示;

W ——耗能设备的功率,单位为千瓦、千克/小时;

R_d ——燃料或动力的单位消耗比,单位为千克/度、千克/千克;

T_d ——耗能设备运行时间,单位为小时/年。

E.3.3 实施标准,降低燃料或动力单位消耗比的节约见式(E.8):

$$J_d = W T_d D_d (R_{d0} - R_{d1}) \quad \cdots\cdots\cdots\cdots\cdots (E.8)$$

式中：

R_{d0}、R_{d1} ——标准化前、后燃料或动力的单位消耗比,单位为千克/度、千克/千克。

E.4 产品和工艺装备制造中的节约

E.4.1 用标准件、通用件代替专用件获得的节约见式(E.9):

$$J_{zh} = Q_1 [(C_0 - C_B)(R_{B1} - R_{B0}) + (C_0 - C_T)(R_{T1} - R_{T0})] \quad \cdots\cdots\cdots\cdots (E.9)$$

式中：

J_{zh} ——产品和工艺装备制造费的年节约,单位为元/年;

Q_1 ——工艺装备零件总数,单位为件/年;

C_0 ——专用件的成本,单位为元/件;

C_B ——标准件的成本,单位为元/件;

C_T ——通用件的成本,单位为元/件;

R_{B0}、R_{B1} ——标准化前、后的标准件数系数,用百分数(%)表示;

R_{T0}、R_{T1} ——标准化前、后的通用件数系数,用百分数(%)表示。

E.4.2 采用标准零部件减少工艺装备的节约见式(E.10):

$$J_{zh} = Q_{zh} \overline{F}_{zh} \quad \cdots\cdots\cdots\cdots\cdots\cdots (E.10)$$

式中：

Q_{zh}——节省的工艺装备的套数，单位为套/年；

$\bar{F}_{zh}$——每套工艺装备的平均费用，单位为元/套。

E.5　实施标准提高产品质量的节约

E.5.1 延长产品使用寿命的节约见式(E.11)：

$$J_m = Q_1 T_{m1} \left(\frac{C_0}{T_{m0}} - \frac{C_1}{T_{m1}} \right) \quad\quad\quad \cdots\cdots\cdots\cdots\cdots (\text{E.11})$$

式中：

J_m　　　——延长产品使用寿命的年节约，单位为元/年；

Q_1　　　——标准化后产品年产量，单位为件/年、台/年；

T_{m0}、T_{m1}——标准化前、后产品使用寿命，单位为小时/件、小时/台；

C_0、C_1　——标准化前、后产品成本，单位为元/件、元/台。

当标准化前、后产品成本不变时，用式(E.12)表示：

$$J_m = Q_1 C \left(\frac{T_{m1}}{T_{m0}} - 1 \right) \quad\quad\quad \cdots\cdots\cdots\cdots\cdots (\text{E.12})$$

式中：

C——产品成本，单位为元/件、元/台。

E.5.2 减少不合格品获得的节约见式(E.13)：

$$J_b = Q_1 (R_{b0} - R_{b1})(C_1 - Z_b) \quad\quad\quad \cdots\cdots\cdots\cdots\cdots (\text{E.13})$$

式中：

J_b　　　——减少不合格品的年节约，单位为元/年；

R_{b0}、R_{b1}——标准化前、后不合格品率，用百分数(%)表示；

Z_b　　　——不合格品残值，单位为元/件、元/台。

E.5.3 提高可修复品的节约见式(E.14)：

$$J_f = Q_b (R_{f1} - R_{f0})(C_1 - F_f - Z_b) \quad\quad\quad \cdots\cdots\cdots\cdots\cdots (\text{E.14})$$

式中：

J_f　　　——提高可修复品的年节约，单位为元/年；

Q_b　　　——年不合格品总数，单位为件/年、台/年；

R_{f0}、R_{f1}——标准化前、后可修复品率，用百分数(%)表示；

F_f　　　——单件可修复品的返修费，单位为元/件、元/台。

E.5.4 提高一级品或等级品的节约见式(E.15)：

$$J_I = Q_1 (R_{I1} - R_{I0})[(D_I - D_{II}) - (C_1 - C_0)] \quad\quad\quad \cdots\cdots\cdots\cdots\cdots (\text{E.15})$$

式中：

J_I　　　——提高一级品率的年节约，单位为元/年；

R_{I0}、R_{I1}——标准化前、后一级品率，用百分数(%)表示；

D_I、D_{II}　——一、二级品单价，单位为元/件、元/台。

E.6　品种规格合理简化的节约

E.6.1 产品或零部件品种数变化获得的节约见式(E.16)：

$$J_p = Q_1 \left[(C_0 - F_{c0}) \left(1 - \frac{1}{(Q_{p0}/Q_{p1})^a} \right) + (F_{c0} - F_{c1}) \right] \quad\quad\quad \cdots\cdots\cdots\cdots\cdots (\text{E.16})$$

式中：

J_p ——品种规格合理简化的年节约，单位为元/年；

Q_1 ——品种规格合理简化后产品年产量，单位为件/年；

C_0 ——品种规格合理简化前每件产品的成本，单位为元/件；

F_{c0}、F_{c1} ——品种规格合理简化前、后每件产品的材料费，单位为元/件；

Q_{p0}、Q_{p1} ——品种规格合理简化前、后产品品种数；

α ——表征品种（产量）变化对制造成本的影响系数（根据不同产品 α 取 0.2～0.5）。

E.6.2 产品或零部件产量增加获得的节约见式（E.17）：

$$J_Q = Q_1 \left\{ (C_0 - F_{c0}) \left[1 - \frac{1}{(Q_1/Q_0)^\alpha} \right] + (F_{c0} - F_{c1}) \right\} \quad \cdots\cdots\cdots\cdots (E.17)$$

式中：

J_Q ——产量增加获得的年节约，单位为元/年；

Q_0 ——品种规格合理简化前产品年产量，单位为件/年；

$\dfrac{1}{(Q_1/Q_0)^\alpha}$ ——产量增加前、后或品种简化前、后每件产品制造成本的比率；

$\left(1 - \dfrac{1}{(Q_1/Q_0)^\alpha}\right)$ ——产量增加前、后或品种简化前、后每件产品制造成本的节约率，也称单位产品

制造成本的节约因子。

E.7 制造工时费的节约

实施标准，降低定额工时获得的节约见式（E.18）：

$$J_g = Q_1(e_{g0}F_{g0} - e_{g1}F_{g1}) \quad \cdots\cdots\cdots\cdots\cdots\cdots (E.18)$$

式中：

J_g ——制造工时费的年节约，单位为元/年；

Q_1 ——标准化后的年产量，单位为件/年；

e_{g0}、e_{g1} ——标准化前、后的定额工时，单位为小时/件；

F_{g0}、F_{g1} ——标准化前、后一小时的工时费，单位为元/小时。

E.8 折旧费的节约

标准化后增加产品产量，减少单位产品分摊的折旧费获得的节约见式（E.19）：

$$J_z = Q_1 \left(\frac{F_{z0}}{Q_0} - \frac{F_{z1}}{Q_1} \right) \quad \cdots\cdots\cdots\cdots\cdots\cdots (E.19)$$

式中：

J_z ——折旧费的年节约，单位为元/年；

F_{z0}、F_{z1} ——标准化前、后每年的折旧费，单位为元/年；

Q_0、Q_1 ——标准化前、后的年产量，单位为件/年。

E.9 间接费（包括车间经费和企业管理费）的节约

E.9.1 产量增加较小、间接费用未发生变化时，减少单位产品分摊的间接费获得的节约见式（E.20）：

$$J_j = Q_1 \left(\frac{F_{j0}}{Q_0} - \frac{F_{j0}}{Q_1} \right) \quad \cdots\cdots\cdots\cdots\cdots\cdots (E.20)$$

式中：
J_j　　——间接费用的年节约，单位为元/年；
F_{j0}　　——标准化前的年间接费用，单位为元/年；
Q_0、Q_1　——标准化前、后的年产量，单位为件/年。

E.9.2 产量增加较大、间接费用已发生变化时，减少单位产品分摊的间接费获得的节约见式（E.21）：

$$J_j = Q_1\left(\frac{F_{j0}}{Q_0} - \frac{F_{j1}}{Q_1}\right) \quad\cdots\cdots\cdots\cdots\cdots(\text{E.21})$$

式中：
F_{j1}——标准化后的年间接费用，单位为元/年。

E.10　流动资金占用费的节约

E.10.1 标准化后缩短生产准备和制造周期，减少零部件等的储备，减少流动资金占用费的节约见式（E.22）：

$$J_l = (R_{l0} - R_{l1}) \cdot Z_\Sigma \cdot i \quad\cdots\cdots\cdots\cdots\cdots(\text{E.22})$$

式中：
J_l　　——支付流动资金占用费的年节约，单位为元/年；
R_{l0}、R_{l1}——标准化前、后百元产值资金率，用百分数（%）表示；
Z_Σ　　——全年工业总产值，单位为元/年；
i　　——利率，用百分数（%）表示。

E.10.2 标准化后缩短生产周期，加速资金周转获得的节约见式（E.23）：

$$J_l = (T_{l0} - T_{l1})\frac{Z_\Sigma}{360} \quad\cdots\cdots\cdots\cdots\cdots(\text{E.23})$$

式中：
T_{l0}、T_{l1}——标准化前、后流动资金周转期，单位为天。

E.11　维修费的节约

E.11.1 实施标准获得大修费的节约见式（E.24）：

$$J_w = \frac{R_{w0} \cdot D_{w0}}{T_{w0}} - \frac{R_{w1} \cdot D_{w1}}{T_{w1}} \quad\cdots\cdots\cdots\cdots\cdots(\text{E.24})$$

式中：
J_w　　——维修费的年节约，单位为元/年；
R_{w0}、R_{w1}——标准化前、后设备维修量（复杂系数）；
D_{w0}、D_{w1}——标准化前、后维修期内一个复杂系数的维修价格，单位为元/复杂系数；
T_{w0}、T_{w1}——标准化前、后设备维修期，单位为年。

E.11.2 实施标准获得大、中、小维修费的节约见（E.25）：

$$J_w = \left(\frac{\overline{F_{w0}}}{T_{w0}} - \frac{\overline{F_{w1}}}{T_{w1}}\right) + \left(\frac{F_{w0}}{T_{w0}} - \frac{F_{w1}}{T_{w1}}\right) \quad\cdots\cdots\cdots\cdots\cdots(\text{E.25})$$

式中：
$\overline{F_{w0}}$、$\overline{F_{w1}}$——标准化前、后在一个大修理期内中、小修理及日常维护的平均费用，单位为元/年；
F_{w0}、F_{w1}——标准化前、后在一个大修理期内的大修理费，单位为元/年。

E.12　实施试验、检验方法标准的节约

E.12.1 提高检验的准确度，减少出厂产品中的不合格品率的节约见式（E.26）：

$$J_{sh} = \alpha Q_1 (R_{b0} - R_{b1}) F_a \quad\quad\quad\quad\quad\quad\text{(E.26)}$$

式中：

J_{sh} ——实施试验、检验方法标准减少出厂产品中的不合格品率获得的年节约,单位为元/年；

α ——造成损失的不合格品系数,$(0 < \alpha < 1)$；

Q_1 ——产品年产量,单位为件/年；

R_{b0}、R_{b1} ——标准化前、后出厂产品中的不合格品率,用百分数(%)表示；

F_a ——每件漏检的不合格品造成的损失费(包括给用户造成的损失),单位为元/件。

E.12.2 实施试验、检验方法标准提高检验的准确度,减少产品错检获得的节约见式(E.27)：

$$J_{sh} = Q_1 (R_{r0} - R_{r1})(C - Z_b) \quad\quad\quad\quad\quad\text{(E.27)}$$

式中：

R_{r0}、R_{r1} ——标准化前、后产品的错检率,用百分数(%)表示；

C ——产品的成本,单位为元/件；

Z_b ——不合格品残值,单位为元/件。

E.12.3 实施破坏性抽样检验标准,减少破坏性试验的产品的数量获得的节约见式(E.28)：

$$J_{sh} = Q_{sh0}(C + F_{sh0}) - Q_{sh1}(C + F_{sh1}) \quad\quad\quad\text{(E.28)}$$

式中：

Q_{sh0}、Q_{sh1} ——标准化前、后产品破坏性试验的样本数量,单位为件；

C ——产品成本,单位为元/件；

F_{sh0}、F_{sh1} ——标准化前、后单位产品破坏性试验费,单位为元/件。

E.13 流通过程中的节约

E.13.1 实施包装容器质量标准,增加包装容器周转次数获得的节约见式(E.29)：

$$J_r = n_1 Q_{s1} \left[\left(\frac{C_{s0}}{n_0} - \frac{C_{s1}}{n_1} \right) + \left(\frac{F_{w0}}{n_0} - \frac{F_{w1}}{n_1} \right) \right] \quad\quad\quad\text{(E.29)}$$

式中：

J_r ——包装费的年节约,单位为元/年；

Q_{s1} ——年包装容器数量,单位为只/年；

n_0、n_1 ——标准化前、后包装容器周转使用次数,单位为次/年；

C_{s0}、C_{s1} ——标准化前、后包装容器单件成本,单位为元/只；

F_{w0}、F_{w1} ——标准化前、后包装容器单件维修费,单位为元/只。

E.13.2 实施包装标准,减少产品运输中损耗的节约见式(E.30)：

$$J_r \doteq Q_1 [(R_{s0} - R_{s1})(D - Z_b) + (C_{s0} - C_{s1})] \quad\quad\quad\text{(E.30)}$$

式中：

J_r ——减少产品损耗的年节约,单位为元/年；

Q_1 ——标准化后年包装产品数量,单位为千克/年、件/年；

R_{s0}、R_{s1} ——标准化前、后产品损耗率,用百分数(%)表示；

D ——产品的单价,单位为元/千克、元/件；

Z_b ——被损产品的残值,单位为元/千克、元/件；

C_{s0}、C_{s1} ——标准化前、后包装容器成本或按包装标准包装的成本,单位为元/件、元/千克。

E.14 提高仓库利用率的节约

采用标准件、通用件、组合件,减少储备的品种规格,合理使用仓库储存面积或容积获得的节约见式(E.31)：

$$J_{ch}=\overline{Q}_{ch1}(A_{ch0}-A_{ch1})\overline{F}_{ch} \quad\quad\quad\quad\quad\quad\quad\quad\quad\quad(E.31)$$

式中：

J_{ch}　　——仓库储存费的年节约，单位为元/年；

$\overline{Q}_{ch1}$　　——标准化后仓库年平均存放产品数量，单位为件/年；

$A_{ch0}、A_{ch1}$——标准化前、后单位产品占用的仓库面积，单位为平方米/件；

$\overline{F}_{ch}$　　——仓库单位面积保管维护的平均费用，单位为元/米。

E.15　安全卫生、劳动保护、减少职业病方面获得的节约

安全卫生、劳动保护、减少职业病方面获得的节约见式(E.32)：

$$J_n=(n_0-n_1)\overline{G} \quad\quad\quad\quad\quad\quad\quad\quad\quad\quad(E.32)$$

式中：

J_a　　——安全卫生、劳动保护的年节约，单位为元/年；

$n_0、n_1$——标准化前、后因职业病劳保开支的人数，单位为人/年；

$\overline{G}$　　——平均工资，单位为元/人。

E.16　创外汇和节约外汇额的效益

E.16.1　实施标准，或采用国际标准和国外先进标准，提高了产品在国际贸易中的竞争能力，增加的外汇收入见式(E.33)：

$$J_h=Q_{h1}D_1-Q_{h0}D_0 \quad\quad\quad\quad\quad\quad\quad\quad\quad\quad(E.33)$$

式中：

J_h　　——增加的年外汇额，单位为美元/年；

$Q_{h0}、Q_{h1}$——标准化前、后的出口量，单位为千克/年、件/年；

$D_0、D_1$——标准化前、后的单价，单位为美元/千克、美元/件。

E.16.2　实施标准，或采用国际标准和国外先进标准，提高产品质量，减少进口，节省的外汇见式(E.34)：

$$J_h=D(Q_{h0}-Q_{h1}) \quad\quad\quad\quad\quad\quad\quad\quad\quad\quad(E.34)$$

式中：

J_h　　——节省的年外汇额，单位为美元/年；

D　　——进口物品单价，单位为美元/千克、美元/件；

$Q_{h0}、Q_{h1}$——标准化前、后的进口量，单位为千克/年、件/年。

附　录　F

（规范性附录）

标准化经济效益指标的计算

F.1　标准化投资

第 t 年标准的制修订及实施过程的投资,按式(F.1)计算:

$$K = K_b + K_x + K_j + K_q \qquad\qquad\cdots\cdots\cdots\cdots\cdots(\text{F.1})$$

式中:

K　——企业投入在标准化工作中的费用,单位为元/年;

K_b　——企业投入的标准制修订费用,单位为元/年;

K_x　——企业投入的标准宣贯、培训费用,单位为元/年;

K_j　——企业投入的技术改造费用,单位为元/年;

K_q　——企业投入的其他标准化费用,单位为元/年。

F.2　标准化经济效益

企业第 t 年的标准化经济效益 X_t,按式(F.2)和式(F.3)计算:

$$X_t = J_t - aK \qquad\qquad\cdots\cdots\cdots\cdots\cdots(\text{F.2})$$

$$J_t = \sum_{j=1}^{n} J_{tj} \qquad\qquad\cdots\cdots\cdots\cdots\cdots(\text{F.3})$$

式中:

X_t　——企业第 t 年的标准化经济效益;

J_t　——样本企业在标准实施第 t 年的标准化有用效果,单位为元/年;

a　——标准评价期内,标准化投资折算成一年的费用系数,$a=1/T$。如标准有效期为 5 年时,每年均摊的费用为投资的 1/5,即 0.2;其中 T 为标准有效期,单位为年;

K　——样本企业的标准化投资,单位为元;

J_{tj}　——样本企业在标准实施第 t 年的第 j 个价值链($j=1,2,3,\cdots\cdots,n$)环节的标准化有用效果,单位为元/年。

F.3　标准化投资回收期

标准投资回收期,按式(F.4)计算:

$$T_K = \frac{K}{\dfrac{1}{T}\sum\limits_{t=1}^{T}(1+r_1)\times\cdots\times(1+r_t)J_t} \qquad\qquad\cdots\cdots\cdots\cdots\cdots(\text{F.4})$$

式中:

T_K——标准化投资回收期,单位为年;

r_t——第 t 年的折现率,用当年的平均利率代替,用百分数(%)表示。

投资回收期如果需要用月表示:

$$T_K = \frac{K}{\frac{1}{T}\sum_{i=1}^{T}(1+r_1)\times\cdots\times(1+r_i)J_i} \times 12$$

投资回收期如果需要用日表示：

$$T_K = \frac{K}{\frac{1}{T}\sum_{i=1}^{T}(1+r_1)\times\cdots\times(1+r_i)J_i} \times 360$$

F.4 标准化投资收益率

标准化投资收益率分为标准有效期内总投资收益率 R_Σ 和年度投资收益率 R_i 两种,分别按式(F.5)和式(F.6)计算：

$$R_\Sigma = \frac{\sum_{i=1}^{T}J_i - K}{K} \quad\quad\cdots\cdots\cdots\cdots\cdots\cdots\cdots(F.5)$$

$$R_i = \frac{J_i - aK}{aK} \quad\quad\cdots\cdots\cdots\cdots\cdots\cdots\cdots(F.6)$$

式中：

R_Σ ——标准有效期内样本企业总投资收益率,用百分数(%)表示；

R_i ——标准有效期内样本年度投资收益率,用百分数(%)表示。

附　录　G

（规范性附录）

标准化节约与投资的动态计算公式和折算系数表

G.1　复利公式

为实施某一项目的标准化,需有一定的投资,假设这笔投资是银行贷款,随着时间的变化要支付利息,累计一次偿还的本利可用式(G.1)表示:

$$K_\Sigma = K(1+i)^t \qquad\qquad\cdots\cdots\cdots\cdots\cdots(G.1)$$

式中:

i ——年利率,用百分数(%)表示;

t ——时间,单位为年;

K ——投资(现值),单位为元;

K_Σ——年后的本利和(未来值),单位为元。

$(1+i)^t$ 为复利系数,可查表 G.1。

表 G.1　复利系数表

t	i								t
	6%	8%	10%	12%	15%	20%	25%	30%	
1	1.060	1.080	1.100	1.120	1.150	1.200	1.250	1.300	1
2	1.124	1.166	1.210	1.254	1.323	1.440	1.563	1.690	2
3	1.191	1.260	1.331	1.405	1.521	1.728	1.953	2.197	3
4	1.262	1.360	1.464	1.574	1.749	2.074	2.441	2.856	4
5	1.338	1.469	1.611	1.762	2.011	2.488	3.052	3.713	5
6	1.419	1.587	1.772	1.974	2.313	2.986	3.815	4.827	6
7	1.504	1.714	1.949	2.211	2.660	3.583	4.768	6.275	7
8	1.594	1.851	2.144	2.476	3.059	4.300	5.960	8.157	8
9	1.689	1.999	2.358	2.773	3.518	5.160	7.451	10.604	9
10	1.791	2.159	2.594	3.106	4.406	6.192	9.313	13.786	10

G.2　贴现公式

贴现法是复利法的倒数,已知未来值折算成现值,用式(G.2)表示:

$$K = K_\Sigma \cdot \frac{1}{(1+i)^t} \qquad\qquad\cdots\cdots\cdots\cdots(G.2)$$

式中:

K——已知未来值折算的投资现值,单位为元。

$\frac{1}{(1+i)^t}$为贴现系数,可查表 G.2。

表 G.2　贴现系数表

t	i								t
	6%	8%	10%	12%	15%	20%	25%	30%	
1	0.943 4	0.925 9	0.909 1	0.892 9	0.869 6	0.833 3	0.800 0	0.769 2	1
2	0.889 7	0.857 6	0.826 4	0.797 4	0.755 9	0.694 4	0.639 8	0.591 7	2
3	0.839 6	0.793 7	0.751 3	0.711 7	0.657 5	0.578 7	0.512 0	0.455 2	3
4	0.792 4	0.735 3	0.683 1	0.635 3	0.571 8	0.482 2	0.409 7	0.350 1	4
5	0.747 4	0.680 7	0.620 7	0.567 5	0.497 3	0.401 9	0.327 7	0.269 3	5
6	0.704 7	0.630 1	0.564 3	0.506 6	0.432 3	0.334 9	0.262 1	0.207 2	6
7	0.664 0	0.583 4	0.513 1	0.452 3	0.375 9	0.279 1	0.209 7	0.159 4	7
8	0.627 4	0.540 2	0.466 4	0.403 9	0.326 9	0.232 6	0.167 8	0.122 6	8
9	0.592 0	0.500 3	0.424 1	0.360 6	0.284 3	0.193 8	0.134 2	0.094 3	9
10	0.558 3	0.463 2	0.385 5	0.322 0	0.247 2	0.161 5	0.107 4	0.072 5	10

G.3　动态计算

标准化节约与投资的动态计算仅在实施标准的第二年后进行。

GB/T 3533.1—2017

参 考 文 献

[1] GB/T 1.1—2009 标准化工作导则 第1部分:标准的结构和编写
[2] GB/T 20000.1—2014 标准化工作指南 第1部分:标准化和相关活动的通用术语
[3] 深圳市市场监督管理局,深圳市标准技术研究院.标准的经济效益 ISO方法论 2.0[M].北京:中国质检出版社,中国标准出版社,2013.
[4] 于欣丽.标准化与经济增长——理论、实证与案例[M].北京:中国质检出版社,2008.
[5] 中国人民解放军国防科学技术大学.基于模糊数学理论的行业标准化经济绩效评估与微观比对研究[R].2015.

附录3

ICS 01.120
A 00

GB

中华人民共和国国家标准

GB/T 3533.2—2017

标准化效益评价
第 2 部分:社会效益评价通则

Standardization benefit evaluation—Part 2:General principles of social
benefit evaluation

2017-05-12 发布　　　　　　　　　　　　　2017-12-01 实施

中华人民共和国国家质量监督检验检疫总局
中国国家标准化管理委员会　发 布

GB/T 3533.2—2017

目　次

前言 ……………………………………………………………………………………………………… I

1　范围 …………………………………………………………………………………………………… 1

2　术语和定义 …………………………………………………………………………………………… 1

3　评价原则 ……………………………………………………………………………………………… 1

4　评价过程 ……………………………………………………………………………………………… 2

5　确定评价目标 ………………………………………………………………………………………… 2

6　构建评价指标体系 …………………………………………………………………………………… 3

　　6.1　指标体系设计原则 …………………………………………………………………………… 3

　　6.2　指标体系的建立 ……………………………………………………………………………… 3

　　6.3　指标设置的基本要求 ………………………………………………………………………… 3

7　评价方法与判定依据 ………………………………………………………………………………… 3

　　7.1　标准化社会效益的评价方式 ………………………………………………………………… 3

　　7.2　权重确定 ……………………………………………………………………………………… 4

　　7.3　指标层评价 …………………………………………………………………………………… 4

　　7.4　次准则层与准则层评价 ……………………………………………………………………… 4

　　7.5　目标层评价 …………………………………………………………………………………… 4

8　数据资料的收集及评价结果的分析 ………………………………………………………………… 5

　　8.1　数据资料的收集 ……………………………………………………………………………… 5

　　8.2　评价结果的分析 ……………………………………………………………………………… 5

9　撰写评价报告 ………………………………………………………………………………………… 5

　　9.1　基本要求 ……………………………………………………………………………………… 5

　　9.2　内容范围 ……………………………………………………………………………………… 5

10　评价结果应用 ……………………………………………………………………………………… 5

附录 A（资料性附录）　指标体系表的范例 ………………………………………………………… 6

附录 B（资料性附录）　主观赋权法主要方法 ……………………………………………………… 7

附录 C（资料性附录）　客观赋权法主要方法 ……………………………………………………… 9

参考文献 ………………………………………………………………………………………………… 11

GB/T 3533.2—2017

前　言

GB/T 3533《标准化效益评价》拟分为如下两个部分：
——第1部分：经济效益评价通则；
——第2部分：社会效益评价通则。
本部分为 GB/T 3533 的第2部分。
本部分按照 GB/T 1.1—2009 给出的规则起草。
请注意本文件的某些内容可能涉及专利。本文件的发布机构不承担识别这些专利的责任。
本部分由全国标准化原理与方法标准化技术委员会(SAC/TC 286)提出并归口。
本部分起草单位：中国标准化研究院、海尔集团、中国大唐集团、中国计量大学、北京联合大学。
本部分主要起草人：刘辉、王益谊、逄征虎、强毅、顾龙芳、付强、赵文慧、吴学静、孙琼、刘姗姗。

标准化效益评价
第2部分:社会效益评价通则

1 范围

GB/T 3533 的本部分规定了标准化社会效益的评价原则和评价过程。

本部分适用于评价和计算实施标准的社会效益。

2 术语和定义

下列术语和定义适用于本文件。

2.1

标准化社会效益 social benefit of standardization

实施标准对社会发展以及节能环保所起的积极作用或产生的有益效果。

2.2

评价 assessment

对标准实施情况的评定,评定标准是否实现了预期目标及标准的产出、效果和影响。

注:评价可以是阶段性评价,也可以是终期性评价。

2.3

定性指标 qualitative index

无法直接通过数据分析评价的内容,可通过客观描述和分析来反映评价结果的指标。

2.4

定量指标 quantitative index

可以准确进行数量定义、精确衡量并能设定绩效目标的分析指标。

2.5

目标层 target level

标准化社会效益评价的最终结果。

2.6

准则层 criterion level

标准化社会效益评价的一级评价内容,是能够反映目标层特性的指标。

2.7

次准则层 sub-criterion level

标准化社会效益评价的二级评价内容,是能够反映准则层特性的指标。

2.8

指标层 index level

标准化社会效益评价的主要指标,是能够反映次准则层特性的指标。

3 评价原则

在进行评价标准化社会效益时,应充分考虑现代科学技术的发展和我国的国情,所使用的方法应通

GB/T 3533.2—2017

俗、实用、简便易行,并遵循以下原则:
——全面考虑标准化社会效益发生的环节;
——着眼于生产领域和非生产领域的社会效益;
——依据准确可靠的数据,并避免同一社会效益在不同环节上的重复计算;
——集中分析社会效益显著的项目,注意受标准化影响而扩展的效益项目。

4 评价过程

开展标准化社会效益评价工作,应制定总体评价方案,并按照总体评价方案确定的评价过程开展评价工作。评价过程如图1所示,具体包括以下七个环节:
a) 确定评价目标;
b) 构建评价指标体系;
c) 选择评价方法与判定依据;
d) 数据资料收集;
e) 评价结果分析;
f) 撰写评价报告;
g) 评价结果应用。

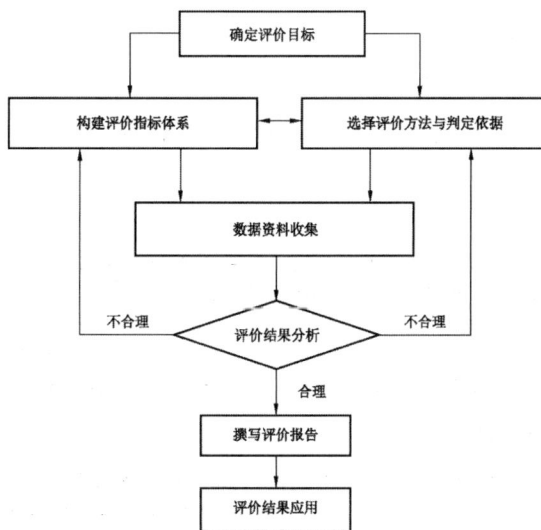

图 1 标准化社会效益评价的过程

5 确定评价目标

界定标准化社会效益评价的目标时,宜遵循并清晰描述的要素有:
a) 标准化社会效益评价的目的、范围、对象和目标受众;
b) 标准化社会效益的评价组织,即开展标准化社会效益评价的主体;
c) 标准化社会效益评价结果的用途。

149

6 构建评价指标体系

6.1 指标体系设计原则

进行标准化社会效益评价指标体系设计时,宜遵循以下原则:

a) 设计的指标体系应能有效地反映所评价对象;

b) 具有合理的指标层次结构,应能全面地反映所评价的标准化社会效益的基本状态,并能为评价提供必要的数据;

c) 为综合评价标准化社会效益,宜采取定量和定性相结合方式。

6.2 指标体系的建立

标准化社会效益评价指标体系一般包括目标层、准则层、次准则层和指标层。具体应用时,宜根据评价对象的行业特点进行调整并有所侧重。在建立指标体系时,宜做到:

a) 目标层设定为标准化社会效益;

b) 准则层分为节能环保和社会发展两个部分;

c) 次准则层及指标层宜根据评价对象的具体情况设计,应对评价中使用的每一个社会效益指标进行清晰的描述,附录A给出了标准化社会效益评价体系的范例。

6.3 指标设置的基本要求

6.3.1 指标效度

指标效度是指评价指标选择的正确性程度。评价指标应尽可能准确地体现所测量对象的主要特征。

6.3.2 指标简单性

指标简单性是指选取的指标应便于理解和执行。在不影响评价结果的前提下,评价者应尽可能将深奥的专业术语或指标转化为通俗易懂的专业术语或指标。

6.3.3 指标完备性

指标完备性是指尽可能用多个指标界定评价对象,使评价的内涵能够得到充分揭示。

6.3.4 指标信息资料收集成本

设置评价指标时,应考虑指标信息资料的收集成本。如果评价指标设计很完善,但却无法收集相关资料,或者收集资料的成本太高以至于影响评价工作的正常开展,则需要对评价指标进行修正。

7 评价方法与判定依据

7.1 标准化社会效益的评价方式

标准化社会效益评价一般采用多级评价方式。本章以五级评价方式为例,用"显著""较显著""一般""不显著""非常不显著"五个等级对标准化的社会效益进行描述,通过对指标层、次准则层、准则层和目标层依次进行五级评价,最终确定标准化社会效益的评价值。

GB/T 3533.2—2017

7.2 权重确定

7.2.1 确定权重的原则

各指标权重的取值范围应在0~1之间,同一层次的所有指标的权重之和应为1。

7.2.2 确定权重的方法

确定权重的方法主要包括主观赋权法和客观赋权法。两种方法的比较参见表1。

表 1 权重确定方法分类及比较

分类	方法描述	主要方法	优点	缺点
主观赋权法	利用专家或个人的知识及经验,对权重做出判断	德尔菲法、层次分析法等(参见附录B)	计算简单、适用面广且方法应用过程中的解释较为直观	易受到人为主观因素的影响
客观赋权法	从指标的统计性质来考虑,由实际所得数据决定,无须征求专家意见	熵权法、CRITIC法等(参见附录C)	基于统计、智能决策等方法之上,在很大程度上可排除人为因素的干扰	忽略指标的重要程度;并且其约束条件太多,对现实数据有较高的要求

利用主观赋权法确定权重时,应建立评价专家组。专家组成员宜包括标准化项目的主管部门专家、直接使用者专家、研究者专家或其组合。选取专家的标准为:

a) 具有丰富的与评价内容相关的理论知识和实践经验;

b) 熟悉标准化作用;

c) 愿意回答征询问卷,并能保证持续参加评价的多轮征询。

7.3 指标层评价

7.3.1 定性指标评价

对定性指标的评价,如道德素质、社会秩序、公共安全等,标准化对其影响的程度可采用五级评价的方法进行评价。定性指标评价的量化方法宜采用德尔菲法、层次分析法等(参见附录B)。

7.3.2 定量指标评价

对定量指标的评价,如水资源节约、废弃物减少、专利增加量等,标准化对评价年影响的程度宜用实际值与基准年相比较,计算得出评价年的指标变动率。可将变动率分为相应的五个区域,每个区域分别对应五级评价中的一个等级。

7.4 次准则层与准则层评价

利用五级评价方法得到的指标层评价结果,可按十分制分别赋予数值10、8、6、4、2。对次准则层的指标加权平均,得到次准则层评价值。再对次准则层评价值加权平均,得到准则层的评价值。

7.5 目标层评价

对准则层的评价值加权平均得到目标层评价值,即标准化社会效益的评价值。目标层评价结果判定依据示例参见表2。

表 2 目标层评价结果判定依据示例

标准化社会效益评价值(y)	$0 \leqslant y < 2$	$2 \leqslant y < 4$	$4 \leqslant y < 6$	$6 \leqslant y < 8$	$8 \leqslant y < 10$
标准化社会效益效果判断	非常不显著	不显著	一般	较显著	显著

8 数据资料的收集及评价结果的分析

8.1 数据资料的收集

定量指标数据应尽量利用各有关部门、企业现有的统计资料。定性指标数据宜通过访谈、设计问卷、专家咨询等方式获得。

8.2 评价结果的分析

对标准化社会效益的评价结果进行分析时,宜考虑以下三个方面:
a) 评价结果的完整性、一致性、敏感性和不确定性;
b) 得出结论、局限性和建议;
c) 比较标准化社会效益的评价结果。
如果评价结果经分析存在明显不合理性,则应重新选择评价指标体系,或重新选择评价方法。

9 撰写评价报告

9.1 基本要求

9.1.1 标准化社会效益评价报告直接反映评价结果,应力求全面、准确和公正。
9.1.2 应按照透明性原则将评价结果、数据、方法、假设和限制的细节充分展示给读者。
9.1.3 评价报告的分析和结论应与标准化社会效益评价的目标一致。

9.2 内容范围

评价报告宜包括以下三方面的内容:
a) 标准化社会效益评价的基本资料:介绍评价对象的基本情况和评价实施的基本情况,说明评价的目的、评价标准、评价安排等;
b) 标准化社会效益评价的基本结论和主要发现:解释标准化社会效益评价的结果,并做进一步分析说明;
c) 改善建议:说明进一步提升社会效益的对策建议。

10 评价结果应用

评价结果的应用是实现评价目的的最后一环。结果能否应用,直接关系到评价目的能否达到。宜考虑在以下方面应用标准化社会效益评价结果:
a) 标准修订;
b) 标准体系的完善;
c) 标准化战略的提升;
d) 标准化相关公共政策的制定;
e) 其他。

附　录　A
（资料性附录）
指标体系表的范例

表 A.1 给出了标准化社会效益评价指标体系的范例。

表 A.1　标准化社会效益评价指标体系表范例

目标层	准则层	次准则层	指标层
标准化社会效益	节能环保	资源环境	水资源、土地资源、森林资源、矿产资源……
		生态环境	气候、大气质量、土壤质量、物种多样性、湿地、自然栖息地……
		废弃物	温室气体、危险废物、固体废物……
		其他	……
	社会发展	科学技术	标准、专利……
		文化教育	教育水平、道德素质、文化程度……
		社会保障	人口、收入、健康、就业……
		公共利益	社会秩序、公共安全……
		（非营利性组织）服务水平	服务效率、服务质量、服务成本、顾客满意度……
		其他	……

注：本表仅为范例，具体应用时宜根据标准化社会效益评价的项目情况对指标体系进行增减。

GB/T 3533.2—2017

附 录 B

（资料性附录）

主观赋权法主要方法

B.1 德尔菲法

B.1.1 概念

德尔菲法（Delphi）是一种匿名反复函询的专家征询意见法，采用背对背的通信方式征询专家小组成员的预测意见，经过几轮征询，使专家小组的预测意见趋于集中，最后得到具有较高一致性的集体判断结果。

B.1.2 基本步骤

德尔菲法的基本步骤如下：

a) 明确评价目标：明确进行效能评价的目标，借助人的逻辑思维和经验能对目标的评价收到很好的效果；

b) 选聘专家：专家的构成要科学合理，应选择在标准制定、标准执行、标准研究等方面有独到见解的专家；

c) 发布问题：发布需要专家评价的问题，分几轮进行评价，直到达到预期的收敛效果；

d) 专家对问题进行评价：采用匿名评价，专家根据评价规则回答问题，并说明回答问题的依据，按照该程序完成对所有问题的回答；传统德尔菲法的调查程序，一般为 4 轮；系统将第 1 轮的调查结果生成报表或文档，调查结果包括每位专家对问题的回答以及回答问题的依据，将调查结果分发给每位专家，在此基础上再进行第 2 轮的调查，调查方法与第 1 轮相似，再完成第 3 轮和第 4 轮的调查；

e) 对获取的专家知识进行处理：以专家的原始意见为基础，建立专家意见集成的优化模型，综合考虑一致性和协调性因素，同时满足整体意见收敛性的要求，找到群体决策的最优解或满意解，获得具有可信度指标的结论，达到专家意见集成的目的。

B.1.3 优点

德尔菲法的优点主要体现在以下几个方面：

a) 匿名性：专家互不见面，直接与调查主持人联系，因而消除了专家之间的心理影响，做到充分自由地发表意见；

b) 反馈性：德尔菲法要经过若干次的循环才能完成，各轮循环都是在精心控制下得到反馈；

c) 收敛性：通过书面讨论，言之有理的意见会逐渐为大多数专家所接受，群体的见解会逐渐集中，呈现收敛的趋势。

B.1.4 局限性

由于评价环节本身所呈现的阶段性和局部性，德尔菲法应用具有如下局限性：

a) 从参与评价的专家来看，难以最大限度地发挥各自的优势；

b) 从评价的组织者来看，虽然处于主动地位但工作量较大；

c) 从专家和评价组织者的协调关系来看，德尔菲法环节应用呈现相对复杂的协调关系；

    d) 从德尔菲法在整个评价过程的贡献来看,由于只涉及部分环节,专家的判断意见涉及面相对
       较小。

B.2 层次分析法

B.2.1 概念

    层次分析法(AHP)本质上是一种决策思维方式,它把复杂的问题分解为各个组成因素,将这些因素按支配关系分组形成有序的递阶层次结构,通过两两比较的方式确定层次中诸因素的相对重要性,然后综合人的判断以决定诸因素相对重要性的顺序。

B.2.2 基本步骤

    层次分析法的基本步骤如下:
    1) 递阶层次的建立,即要把问题条理化、层次化,构造出一个层次分析的结构模型;
    2) 构造两两比较判断矩阵,层次分析法所采用的导出权重的方法是两两比较的方法;
    3) 单一准则下元素相对权重的计算,根据判断矩阵计算相对权重,宜采用和法、根法、特征根法和
       最小平方等方法计算;
    4) 计算各层元素对目标层的合成权重;
    5) 对方案进行综合评价。

B.2.3 优点

    层次分析法的优点在于,其决策过程体现了人们的决策思维的基本特征及其发展过程,即:分解、判断、排序、综合,从而可充分利用人的经验与判断,并采用一定的数量方法来解决一些半结构化决策问题和无结构化决策问题。该方法特别适用于具有定性的或定性、定量兼有的决策分析,其核心功能是对方案进行排序选优。

B.2.4 局限性

    层次分析法在应用上具有以下局限性:
    a) 层次分析法的应用主要针对那种方案大抵确定的决策问题;
    b) 层次分析法得出的结果是粗略的方案排序;
    c) 人的主观判断、选择对层次分析法的分析结果影响较大,使得利用层次分析法进行决策的主观
       成分较大。

附　录　C

（资料性附录）

客观赋权法主要方法

C.1　熵权法

熵权法是利用各指标的熵值所提供的信息量的大小来决定指标权重的一种客观赋权方法。熵权法的基本步骤如下：

a)　数据标准化。

设有 m 个评价指标，n 个评价对象，依据定性与定量相结合的原则得到多个对象关于多指标的评价矩阵，如式（C.1）所示：

$$R' = \begin{bmatrix} r'_{11} & r'_{12} & \cdots & r'_{1n} \\ r'_{21} & r'_{22} & \cdots & r'_{2n} \\ \vdots & \vdots & \cdots & \vdots \\ r'_{m1} & r'_{m2} & \cdots & r'_{mn} \end{bmatrix} \qquad \cdots\cdots\cdots\cdots\cdots\cdots（C.1）$$

对 R' 进行标准化处理，得到：$R = (r_{ij})_{m \times n}$

式中：

r_{ij}——第 j 个评价对象在指标 i 上的数值，$r_{ij} \in [0,1]$，如式（C.2）所示：

$$r_{ij} = \frac{r'_{ij} - \min_j\{r'_{ij}\}}{\max_j\{r'_{ij}\} - \min_j\{r'_{ij}\}} \qquad \cdots\cdots\cdots\cdots\cdots\cdots（C.2）$$

b)　确定指标信息熵值 H 和信息效用值 d。

在有 m 个评价指标，n 个评价对象的评价问题中，第 i 个评价指标的熵定义如式（C.3）所示：

$$H_i = -k \sum_{j=1}^{n} f_{ij} \ln f_{ij} \qquad i = 1, 2, \cdots, m \qquad \cdots\cdots\cdots\cdots（C.3）$$

式中：

$$f_{ij} = \frac{r_{ij}}{\sum_{j=1}^{n} r_{ij}}, k = \frac{1}{\ln n} \circ$$

当 $f_{ij} = 0$ 时，$f_{ij} \ln f_{ij} = 0$。

第 i 项指标的信息效用值等于该指标的信息熵 H_i 与 1 的差值，如式（C.4）所示：

$$d_i = 1 - H_i \qquad \cdots\cdots\cdots\cdots\cdots\cdots（C.4）$$

c)　确定评价指标的熵权。

利用熵权法得到各指标的权重，其本质就是利用该指标信息的价值系数来进行估算，其价值系数越高，对评价的重要程度就越大（对评价结果的贡献度越大）。由此得到在 (m, n) 评价问题上第 i 指标的熵权 ω_i，如式（C.5）所示：

$$\omega_i = \frac{d_i}{\sum_{i=1}^{m} d_i} \qquad i = 1, 2, \cdots, m \qquad \cdots\cdots\cdots\cdots（C.5）$$

熵权具有如下性质：

a)　各个被评价对象在指标 i 上的值都相同时，熵值达到最大值 1，熵权为零，这就意味着此项指标没有向决策者提供任何有效或有用的信息；

   b)　指标的熵值越大,那么其熵权越小,此指标就越不重要,而且满足:

$$0 \leqslant \omega_i \leqslant 1 \quad 且 \sum_{i=1}^{m} \omega_i = 1$$

   c)　熵权是在给定被评价对象集合,以及各种评价指标值确定的情况下,各指标在竞争意义上的相
对激烈程度系数;

   d)　当评价对象确定以后,可以根据熵权来对评价指标进行调整和修改,以利于得到更精确和可靠
的评价指标体系。

C.2　CRITIC 法

    CRITIC 法是以对比强度和评价指标之间的冲突性为基础确定指标的客观权重赋权法。对比强度
表示同一个指标各个评价方案之间取值差距的大小,以标准差表示,标准差越小说明各专家评分差距越
小,所赋权重应越大,反之则越小。评价指标之间的冲突性是以指标之间的相关性为基础,如测量指标
之间具有较强的正相关,说明两个指标冲突性较低。第 j 个指标与其他指标冲突性的量化指标为:

$$\sum_{t=1}^{n} (1 - r_{tj})$$

其中 r_{tj} 为评价指标 t 和 j 之间的相关系数。各指标客观权重确定以对比强度和冲突性进行衡量。
设 c_j 表示第 j 个评价指标所包含的信息量,则 c_j 可由式(C.6)表示:

$$c_j = \sigma_j \sum_{t=1}^{n} (1 - r_{tj}), j = 1, 2, 3, \cdots, n \quad \cdots\cdots\cdots\cdots\cdots\cdots\cdots\cdots (\text{C.6})$$

第 j 个指标的客观权重 w_j 如式(C.7)所示:

$$w_j = \frac{c_j}{\sum_{j=1}^{n} c_j}, j = 1, 2, 3, \cdots, n \quad \cdots\cdots\cdots\cdots\cdots\cdots\cdots (\text{C.7})$$

GB/T 3533.2—2017

参 考 文 献

[1] GB/T 3533.1—2009 标准化经济效果评价 第 1 部分:原则和计算方法
[2] GB/T 3533.3—1984 评价和计算标准化经济效益 数据资料的收集和处理方法

图书在版编目（CIP）数据

标准化原理/ 刘欣，张朋越主编. — 杭州 ：浙江
大学出版社，2021.8
ISBN 978-7-308-21602-9

Ⅰ．①标… Ⅱ．①刘… ②张… Ⅲ. ①标准化管理—
教材 Ⅳ. ①C931.2

中国版本图书馆CIP数据核字(2021)第144816号

标准化原理

刘　欣　张朋越　主编

责任编辑	李　晨
责任校对	曲　静
封面设计	周　灵
出版发行	浙江大学出版社
	（杭州市天目山路148号　　邮政编码　310007）
	（网址：http://www.zjupress.com）
排　　版	杭州林智广告有限公司
印　　刷	杭州杭新印务有限公司
开　　本	787mm×1092mm　1/16
印　　张	10.5
字　　数	205千
版 印 次	2021年8月第1版　2021年8月第1次印刷
书　　号	ISBN 978-7-308-21602-9
定　　价	36.00元